新时代乡村振兴路径研究书系

乡村振兴背景下
新型农业经营主体培育的
金融服务体系优化研究

李晓龙 ○ 著

西南财经大学出版社

四川·成都

图书在版编目(CIP)数据

乡村振兴背景下新型农业经营主体培育的金融服务体系
优化研究/李晓龙著.--成都:西南财经大学出版社,
2025.2.--ISBN 978-7-5504-6621-0

Ⅰ.F824;F832.35

中国国家版本馆 CIP 数据核字第 20258LV063 号

乡村振兴背景下新型农业经营主体培育的金融服务体系优化研究
XIANGCUN ZHENXING BEIJING XIA XINXING NONGYE JINGYING ZHUTI PEIYU DE JINRONG FUWU TIXI YOUHUA YANJIU

李晓龙　著

责任编辑:李　才
责任校对:肖　翀
封面设计:何东琳设计工作室
责任印制:朱曼丽

出版发行	西南财经大学出版社(四川省成都市光华村街55号)
网　　址	http://cbs.swufe.edu.cn
电子邮件	bookcj@swufe.edu.cn
邮政编码	610074
电　　话	028-87353785
照　　排	四川胜翔数码印务设计有限公司
印　　刷	成都国图广告印务有限公司
成品尺寸	170 mm×240 mm
印　　张	12
字　　数	206 千字
版　　次	2025 年 2 月第 1 版
印　　次	2025 年 2 月第 1 次印刷
书　　号	ISBN 978-7-5504-6621-0
定　　价	68.00 元

力，而金融服务是培育新型农业经营主体的基本保证。基于系统工程理论，乡村振兴战略与新型农业经营主体金融服务可被视为两个有机系统。其中，乡村振兴战略分为"产业兴旺""生态宜居""乡风文明""治理有效"和"生活富裕"五个子系统，新型农业经营主体金融服务涵盖"激活""低碳""文明""治理"和"配置"五个子功能。乡村振兴战略的五个子系统与新型农业经营主体金融服务的五个子功能有效衔接，形成了系统耦合的关联机制。

（2）贵州新型农业经营主体发展普遍面临困境，其对金融服务的需求出现新的特征。受限于多种因素，贵州新型农业经营主体日益增长的金融服务需求与农村金融服务供给低效之间的矛盾依旧十分突出，新型农业经营主体普遍存在经营管理不规范与能力较弱、资金获取困难与成本高昂、授信额度不高与期限错配、缺乏抵（质）押物与担保渠道等困境。相比于传统农业经营主体，贵州新型农业经营主体在金融服务需求方面呈现出数量明显增加、用途不断拓宽、方式愈发灵活以及层次显著升级等新的特征。

（3）贵州新型农业经营主体的金融服务供给日益完善，但仍然存在一些问题。近年来，贵州顺应新型农业经营主体的金融服务需求，积极创新金融服务供给体系，取得了较好的成效，促使面向新型农业经营主体的金融政策体系持续健全、金融组织机制日趋完善、金融市场发展成效明显、金融创新产品形式多样以及金融技术推广应用加快。然而，与新型农业经营主体的金融服务需求相比，仍然存在金融政策调控效用发挥不足、金融组织存在功能结构缺陷、金融市场发展动力不足、金融产品的适配性有待提高、金融技术创新相对滞后等问题，必须优化新型农业经营主体的金融服务体系。

（4）金融服务供给与金融服务需求对贵州新型农业经营主体培育效果的影响存在一定差异。金融服务供给和金融服务需求对新型农业经营主体培育均具有正向影响；与金融服务需求相比，金融服务供给是影响新型农业经营主体培育效果的主要因素，即金融服务供给对新型农业经营主体培育效果的正向影响大于金融服务需求；新型农业经营主体的金融服务需求较大，但"融资难""融资贵"等问题严重阻碍正规金融服务供给，导致金融服务供需矛盾较为显著。

前　言

　　在全面推进乡村振兴的背景下，积极培育壮大新型农业经营主体，是实现传统农业向现代农业转型升级的关键所在。而要培育壮大新型农业经营主体，必须有效破解新型农业经营主体普遍面临的土地、资金、人才、技术等要素供给瓶颈。其中，对资金要素的需求最为旺盛，由此亟待进一步优化金融服务体系，通过完善金融政策体系、健全金融组织体系、改进金融市场体系、丰富金融产品体系和创新金融技术体系等途径加大对新型农业经营主体培育的金融支持力度。因此，基于乡村振兴战略实施背景，系统地探究培育新型农业经营主体的金融服务体系优化问题，具有十分重要的理论价值与实践意义。

　　1. 研究的主要内容

　　本书在科学界定乡村振兴、新型农业经营主体、金融服务体系的概念内涵基础上，深入研究了乡村振兴战略与新型农业经营主体金融服务的关系；本书进一步以贵州省为例，利用微观调研数据和宏观统计数据，从需求侧和供给侧两个方面出发，对现阶段新型农业经营主体的发展困境与金融服务需求特征进行了系统总结，深入剖析了新型农业经营主体的金融服务供给现状与问题，实证检验了新型农业经营主体的金融服务成效；在此基础上，本书提出了新型农业经营主体培育的金融服务体系优化总体构想，设计了新型农业经营主体培育的金融服务体系优化路径框架，并构建了新型农业经营主体培育的金融服务体系优化保障机制。

　　2. 研究的主要结论

　　(1) 乡村振兴战略与新型农业经营主体金融服务之间存在明显的逻辑关系和系统耦合机制。两者的逻辑关系主要表现为：产业兴旺是实现乡村振兴战略的根本途径，培育新型农业经营主体是实现产业兴旺的主要动

3. 研究的重要观点

（1）乡村振兴与否决定着全面建成小康社会的成色和社会主义现代化的质量，以规模化、专业化和集约化为主要生产特征的新型农业经营主体已成为现代农业发展的先锋力量，以培育新型农业经营主体为依托推进农业产业"接二连三"融合发展，是实现乡村产业振兴、农业农村高质量发展的重要途径。

（2）培育壮大新型农业经营主体，亟须完善面向新型农业经营主体的金融服务体系，为提升传统小农户发展现代农业能力、赋能农业农村高质量发展、实现乡村产业兴旺以及推动全面乡村振兴注入金融活水，进一步助力实现"农业强、农村美、农民富"的新格局。

（3）在金融资源总量有限的情况下，为新型农业经营主体培育提供金融支持必须兼顾效率和公平。金融机构在为新型农业经营主体提供普遍支持和基础服务的同时还应突出重点，找准支持的核心区域、重点领域和关键主体，提升对新型农业经营主体的金融服务成效，促进金融服务与新型农业经营主体培育的协同。

（4）新型农业经营主体培育是一项复杂的系统性工程，需要设计宏观与微观相结合的金融服务体系优化路径。宏观层面主要涉及金融政策体系、金融组织体系与金融市场体系的健全和完善，微观层面侧重金融产品体系和金融技术体系的丰富和创新。

（5）金融追本逐利的本性和农业与生俱来的弱质性要求为新型农业经营主体培育提供金融支持不仅要构建与之相匹配的金融服务体系，还需要相应的保障机制（如政策保障机制、信用保障机制、风险保障机制与法律保障机制等）来确保金融服务政策措施落地生效。

4. 研究的主要创新

（1）理论研究创新。本书充分借鉴前人相关理论，结合中国乡村振兴战略实施背景，运用归纳演绎、逻辑推理、系统分析等方法，详细梳理了乡村振兴战略与新型农业经营主体金融服务的关系原理，为实证分析与对策研究提供了科学的理论依据。

（2）实证内容创新。本书利用贵州微观调查与宏观统计数据，运用统计分析、比较分析、结构方程模型等方法，系统考察了新型农业经营主体的发展困境与金融服务供需现状，定量测度了金融服务对新型农业经营主体培育效果的影响，为对策研究与政府决策提供了坚实的经验证据。

（3）对策设计创新。本书基于贵州培育壮大新型农业经营主体的历史使命和对优化金融服务的时代呼唤，充分借鉴国内外实践经验，紧密结合当前乡村振兴战略实施的现实需求，系统提出了贵州新型农业经营主体培育的金融服务体系优化路径与保障机制。

5. 研究的对策建议

（1）明确新型农业经营主体培育的金融服务体系优化总体构想。首先，金融服务体系优化的基本指导思想在于，既需要发挥市场在资源配置方面的决定性作用，利用市场机制优化调节金融资源，有效匹配金融服务供给与需求，也需要发挥政府在资源配置方面的调控性作用，适度调节竞争格局，引导金融资源合理配置，并在发现金融风险时及时进行干预。此外还要注重构建市场与政府的协同机制，并根据新型农业经营主体的变化发展情况不断调整协同机制，实现有效市场和有为政府的更好结合。其次，金融服务体系优化的目标定位应着眼于新型农业经营主体的资金需求得到有效满足，新型农业经营主体的金融服务效能显著提升，以及新型农业经营主体的金融服务风险总体可控。最后，金融服务体系优化的基本原则主要包括：一是金融服务模式差异化原则，即以农村经济主体需求为导向，结合地域差异、服务深度和广度、科技创新以及风险管理等因素，设计灵活多样的服务模式，以满足农村不同类型新型农业经营主体的金融需求；二是金融服务效率最大化原则，即通过最小的金融服务支出实现新型农业经营主体培育目标的最优化，为更广泛的新型农业经营主体提供更便捷、更优质的金融服务；三是金融服务风险最小化原则，即在提供金融服务的过程中，通过采取一系列风险管理措施，将可能产生的风险降到最低，以确保金融服务的稳定性和安全性。

（2）加快构筑新型农业经营主体培育的金融服务体系优化路径。一是完善新型农业经营主体的金融政策体系。加强高质量的金融政策制定，将金融政策通过各种途径散播到新型农业经营主体中去；提升金融政策实施主体机构的服务水平，畅通金融政策实施渠道，加大和提高金融产品推广力度与覆盖率；提升金融政策实施的风险监管能力和风险处置能力，有效防控机构风险和区域性金融风险。二是健全新型农业经营主体的金融组织体系。吸引更多的商业性金融机构主动"下沉"农村地区，提高商业银行服务新型农业经营主体的能力；大力构建农业政策性银行体系，规范发展多种形式的农业政策性金融组织；在深化农村信用社改革的基础上，重点发展农村资金互助社和农民专业合作社内部资金互助组织两类新型农村合作金融机构。三是改进新型农业经营主体的金融市场体系。有效激活农业信贷市场，不断扩大和提升农业信贷市场的供给规模和供给效率；大力拓展农业保险市场，不断完善农业保险功能，提升农业保险市场服务水平；要进一步建立健全农业资本市场，优化市场运行规则，丰富金融投资工具，使资本市场能够适应新型农业经营主体发展的直接投融资需要。四是完善新型农业经营主体的金融产品体系。创新农村土地承包经营权抵押贷款和农村动产质押贷款，发挥农业信贷产品的主体融资作用；创新诸如天气指数保险、价格指数保险等新型农业保险品种，突出农业保险产品的风险兜底功能；创新农业供应链融资担保产品和政银担农业融资担保产品，发挥农业担保产品对新型农业经营主体融资的补充支持作用。五是创新新型农业经营主体的金融技术体系。积极构建基于"大数据+征信"技术的新型农村征信体系，在风险可控的前提下降低信贷门槛，缓解新型农业经营主体"融资难"问题；在收益与风险相匹配的基础之上，将行业内较为成熟的定价技术引入省内涉农金融机构，尽快实现对不同类型新型农业经营主体的差异化和自动化利率定价，缓解新型农业经营主体"融资贵"问题。

（3）积极完善新型农业经营主体培育的金融服务体系优化保障机制。一是政策保障机制。完善农村土地流转政策，引导土地经营权向新型农业经营主体有序流转；在不减小支农力度的前提下，进一步优化财税支持政策，建立梯次性的财税政策，为贵州农业发展提供完善的政策支持；从激励引导政策、支持政策及相关配套政策等方面优化农村产业融合发展政策，促进贵州农村产业发展模式的转型升级。二是信用保障机制。加快新型农业经营主体信用体系建设，健全新型农业经营主体信用评价体系；完善新型农业经营主体信用担保体系，积极探索创新多种抵（质）押担保形式，扩大抵（质）押担保范围；弘扬守信光荣、失信可耻的社会风气，营造良好的农村信用环境，切实维护新型农业经营主体与金融机构的利益，提高金融服务质量。三是风险保障机制。建立风险防范机制，坚持制度建设和信贷放贷流程两手抓，降低金融风险发生的可能性；构建风险分担机制，让农业保险成为支农服务稳定的助推器，利用农产品期货市场进行农产品套期保值，降低农业生产经营风险；从加大政府财政补贴、建立风险补偿基金、增加风险准备金等方面完善农村地区的风险补偿机制。四是法律保障机制。依法确立新型农业经营主体的市场准入认定标准和法律组织形式，特别要进一步明确农民专业合作社和家庭农场的法律地位，维护其合法权益；构建更加完善的金融体系，让正规金融机构更多地惠及农民，更好地服务于农业发展；制定专门的非正规金融的相关法律法规，促进其规范发展，并带动农村金融服务进一步实现增量、扩面、降价。

李晓龙

2024 年 10 月

目　录

第一章　绪论

作为本书的开篇部分，本章首先明确了研究的现实背景、具体问题以及重要意义，从而为设计研究内容、达成研究目标和实现研究价值提供实际依据，接着，系统回顾国内外相关文献，从前人研究中寻找创新突破口。在交代研究背景和研究现状基础上，本章进一步确定研究的目标体系与内容框架，厘清研究的逻辑思路及具体方法，以及介绍本研究可能的特色及创新之处。

第一节　研究背景与研究意义

一、研究背景

实施乡村振兴战略既是决胜全面建成小康社会和全面建设社会主义现代化国家的重大历史任务，也是新时代"三农"工作的总抓手。而新型农业经营主体作为带动农民增收、促进农业增效和实现农村繁荣的主力军，则是推动乡村振兴战略顺利实施的关键力量。2017 年 10 月，党的十九大报告[1]第一次历史性地提出了乡村振兴战略。为了落实乡村振兴战略，党的十九大报告强调要"发展多种形式适度规模经营，培育新型农业经营主体"。2018 年中央一号文件[2]指出要"统筹兼顾培育新型农业经营主体和扶持小农户""注重发挥新型农业经营主体带动作用""实施新型农业经营

---

[1] 习近平：决胜全面建成小康社会 夺取新时代中国特色社会主义伟大胜利——在中国共产党第十九次全国代表大会上的报告［EB/OL］.（2017-10-27）［2024-12-27］.https://www.gov.cn/zhuanti/2017-10/27/content_5234876.htm.

[2] 中共中央 国务院关于实施乡村振兴战略的意见［EB/OL］.（2018-02-05）［2024-12-27］.http://www.moa.gov.cn/ztzl/yhwj2018/zyyhwj/201802/t20180205_6136410.htm.

主体培育工程""加大对新型农业经营主体支持力度"。《乡村振兴战略规划（2018—2022 年）》①强调要"壮大新型农业经营主体""积极开发适应新型农业经营主体需求的保险品种""强化政策扶持引导""降低农户和新型农业经营主体的融资成本"。2021 年中央一号文件②进一步提出了"推动新型农业经营主体按标生产，培育农业龙头企业标准'领跑者'""用 3 年时间基本建成比较完善的新型农业经营主体信用体系""鼓励开发专属金融产品支持新型农业经营主体"等新要求。由此可见，如何通过创新体制机制和完善支持体系来培育壮大新型农业经营主体，是全面推进乡村振兴战略背景下一个非常值得研究的重要问题。

贵州作为农业大省，要实现传统农业向现代农业的转型升级，全面推进乡村振兴，关键在于培育壮大新型农业经营主体。近年来，伴随着城镇化进程的不断推进，贵州农村劳动力人口持续减少。为了保障农业生产稳定，贵州在调整优化农业结构的同时，坚持把培育和壮大新型农业经营主体作为传统农业转型升级，进而实现农业现代化的必然选择。贵州通过组织领导、政策扶持、发展路径优化以及现代高效农业示范园区带动等措施，极大地促进了新型农业经营主体的持续稳定发展。目前贵州农业经营已经初步形成了以家庭承包经营为基础，农民专业合作社、家庭农场、种养大户与农业产业化企业为主导，其他组织形式为辅助的新格局。到 2023年底，全省省级以上龙头企业达 1 200 家，其中国家级龙头企业 50 家；全省农民合作社示范社达 6.4 万个，认定省级农民合作社示范社 3 022 家；全省纳入家庭农场名录管理的家庭农场数量达 4.5 万家，省级示范家庭农场累计达 3 000 家。尽管如此，贵州在培育新型农业经营主体过程中依旧面临着诸多困难。事实上，由于贵州大多数新型农业经营主体尚处于发展初期，其概念界定与功能定位存在一定的模糊性，农地流转不够顺畅，融资需求得不到有效满足，经营管理模式较为保守，人员素质有待提升，许多政策措施之间缺乏联动性，最终导致贵州培育壮大新型农业经营主体的体制机制障碍和要素供给瓶颈逐步凸显。

---

① 中共中央 国务院印发《乡村振兴战略规划（2018—2022 年）》[EB/OL].（2019-09-26）[2024-12-27].https://www.gov.cn/zhengce/2018-09/26/content_5325534.htm.

② 中共中央 国务院关于全面推进乡村振兴加快农业农村现代化的意见[EB/OL].（2021-02-21）[2024-12-27].http://www.moa.gov.cn/ztzl/jj2021zyyhwj/zxgz_26476/202102/t20210221_6361865.htm.

作为现代农村经济的核心,农村金融服务是助力贵州培育壮大新型农业经营主体的重要保障。随着贵州新型农业经营主体的发展壮大,其在金融服务需求方面呈现出数量明显增加、用途不断拓宽、方式愈发灵活以及层次显著升级等新的特征。近年来,贵州通过实施一系列金融支农优惠措施,推动信贷资金投入"三农"领域,增强了农村金融供给,使得农村金融服务供求矛盾有了一定程度的缓解。然而,与多数新型农业经营主体具有强烈的金融服务需求相比,传统金融机构的服务理念和运作模式始终难以适应,新型农业经营主体普遍面临金融排斥,其金融服务需求得不到有效满足。贵州新型农业经营主体之所以产生金融服务供求矛盾,其原因主要在于两个方面:一是金融服务需求侧因素。处于发展初期的新型农业经营主体(尤其是专业大户、家庭农场和农民专业合作社)普遍面临经营管理不规范与能力较弱、资金获取困难与成本高昂、授信额度不高与期限错配、缺乏抵(质)押物与担保渠道等困境,从而导致其获取金融服务受到限制。二是金融服务供给侧因素。目前,贵州面向新型农业经营主体的金融服务整体上还存在金融政策调控效用发挥不足、金融组织存在功能结构缺陷、金融市场发展动力不足、金融产品的适配性有待提高、金融技术创新力度不大等问题,亟待通过优化金融服务体系来化解贵州新型农业经营主体培育过程中的金融服务供求矛盾。

二、研究意义

本书基于乡村振兴战略实施背景,系统探讨如何优化贵州新型农业经营主体培育的金融服务体系,对于拓展和完善农村金融服务理论体系与现代农业经营体系、完善乡村振兴背景下贵州新型农业经营主体培育的金融服务供给以及推动国家治理体系现代化建设均具有重要的理论价值与现实意义。

(一)理论价值

一是有利于拓展和完善农村金融服务理论体系与现代农业经营体系。本书从农业经济学科与金融学科交叉角度出发,构建较为完整的乡村振兴战略与新型农业经营主体金融服务之间的关系的理论分析框架,并从理论上对培育新型农业经营主体的金融服务体系优化路径进行系统性设计,有利于该领域研究成果的丰富和拓展。二是有利于丰富金融服务支持新型农业经营主体培育的效果评价方法。目前学界关于新型农业经营主体培育的金融服务研究主要集中在定性分析和案例研究方面,本书利用贵州新型农业经营主体微观调研数据，构建结构方程模型，从金融服务需求和金融服务供给的双重视角定量测度金融服务对贵州新型农业经营主体培育效果的影响，对丰富该领域方法体系具有一定意义。

（二）应用价值

一是为完善贵州新型农业经营主体培育的金融服务提供有力支持。在全面实施乡村振兴战略的背景下，本书深入分析贵州新型农业经营主体培育过程中存在的突出问题和症结所在，从深化农业供给侧结构性改革的角度出发，着力探索优化新型农业经营主体金融服务体系的实现路径和保障机制，对于改善贵州农村金融供给效能、促进贵州新型农业经营主体发展具有重要的实践指导意义。二是为国家治理体系建设提供有益借鉴。本书基于乡村振兴背景从供给侧和需求侧双重角度深入考察金融服务成效，系统探索优化新型农业经营主体培育的金融服务体系，对于推动金融服务与乡村治理深度融合，进而完善乡村治理体系和提升乡村治理能力有着极为重要的实践价值。

第二节　国内外研究现状评述

一、关于乡村振兴的研究

国外学者对乡村发展和治理的有关研究可以为中国乡村振兴战略的有效实施提供重要的经验证据。首先，关于如何测度或衡量乡村发展的水平，Cloke（1977）利用人口、出行方式、就业率与中心城市的距离等指标，构建了乡村性指数，并运用该指数实证分析了威尔士和英格兰的乡村发展水平。在此基础上，Harrington 和 O'Donoghue（1998）对乡村性指数的内容不断进行完善和改进，并将乡村性指数认定为衡量乡村发展水平的分析工具。其次，乡村发展受到许多因素的影响。21 世纪以来，学者们对于影响农村发展的因素研究的重心在于金融、技术以及二者的综合作用。Lapavitsas 和 Santos（2008）指出金融科技通过人工智能、区块链、大数据、云计算等技术，增强了信息的透明度，从而为缓解农村发展的信息不对称和降低农业生产经营风险提供了新的解决方案。而且金融科技能够优化抵押担保机制，强化抵押担保功能（Fuster et al.，2019），从而对提高弱势群体的金融可得性与增加收入具有积极推动作用（Ayse et al.，2020）。此外，Bakhtiari（2011）认为农村居民的生存条件在某种程度上被金融科技衍生出来的小额信贷、移动支付等生活和消费方式所改变。Donou-Adonsou 和 Sylwester（2016）从小额信贷和普惠金融理论出发，研究指出金融发展可以降低农村地区的融资成本，从而增加居民收入，对缓解贫困问题具有重要作用。同时，Badulescu 等（2015）基于金融功能理论，发现金融功能可以通过增加农业机械设备的使用率，推动农业产业升级，进而促进乡村产业发展。最后，乡村的发展需要兼顾经济效应和文化保护。对此，May（2020）认为发展旅游业不仅有助于拯救有消失危险的乡村，而且还可以为农民提供一种补充收入的方式，从而促进农村发展。

乡村振兴战略内涵十分丰富，涵盖了产业层面、人才层面、文化层面、生态层面以及组织层面的内容。该战略立足于中国实际，推陈出新，对于解决中国乡村问题具有重要意义。于爱水、李江涛和汪大海（2023）认为必须坚持运用战略思维、历史思维、辩证思维、底线思维等科学思维方法把握乡村振兴的基本问题。部分学者从全国角度研究了中国乡村振兴发展状况，其中吕承超和崔悦（2021）指出中国各省份间乡村振兴发展水平并不均衡，由高到低依次为东部地区、中部地区、东北地区和西部地区，并且中、西部地区存在向东部地区追赶的趋势。蔡文伯和贺薇宇（2023）发现中国乡村振兴总体水平呈增长态势，但目前水平仍然较低，而且产业兴旺系统相较于其他子系统发展最为缓慢。石玉堂、王晓丹和刘达（2024）研究发现中国十大城市群整体的乡村振兴发展水平并不高，地区之间的乡村振兴发展水平不均衡，但区域间的差异呈现出逐渐缩小的趋势。从各维度来看，发展较好的是生活富裕指数，而治理有效指数的发展则相对较差。吴儒练（2023）指出近年来各地农业农村现代化的发展有了长足进步，农民生活水平显著提升，但具体实践中还存在主体流失、文化式微、治理混乱等诸多困境。针对某个地区，黄敦平和蒋静宇（2023）研究发现长江经济带乡村振兴发展水平稳步上升，其中生态宜居与产业兴旺发展最佳，乡风文明与生活富裕次之，而治理有效比较薄弱。马凌、冶建明和朱梦梦（2024）指出，新疆生产建设兵团乡村振兴发展水平逐年上升，但是从整体来看乡村振兴仍处于起步阶段。祁超萍等（2024）研究指出黄河流域乡村振兴综合发展水平呈现稳步提升的趋势，并且黄河下游的乡村振兴发展水平比中游和上游的高，在上游中仅有四川的乡村振兴发展水平较高。从西部地区来看，乡村各方面条件相对东、中部地区更为落后，基础薄弱。西部地区乡村振兴面临的困境是多方面的。首先是整体发展水平较低，这主要包括经济发展水平、居民收入水平和人均消费支出等。其次是市场体系建设和产业转型升级缓慢。另外还有高素质人才短缺的问题。所以西部地区的乡村振兴需要处理好政府与市场、科技创新与产业发展、长期与短期等的关系（霍学喜、刘天军，2023）。周明星和肖平（2023）指出新发展阶段乡村振兴需要重点发挥主体作用，激发内生动力，而且乡土文化不能丢，要筑牢精神支柱。

影响乡村振兴战略实施状况的因素很多，中国学者主要从金融发展、文旅产业、人才培养等维度进行了深入分析。

首先，金融发展可以为乡村振兴提供充足的资金支持。王益君、娄晨雨和张於琛（2023）通过实证分析发现金融发展不仅能够加快乡村振兴的整体步伐，而且对于中、西部地区的作用大于东部地区。王修华和魏念颖（2024）研究发现金融资金流入对乡村产业振兴具有显著促进作用，并且在贫困县其促进效果更强。新时代金融与数字技术有机融合，催生了金融科技和数字普惠金融等金融服务方式，极大地推动了乡村振兴的发展。任喜萍（2023）指出金融科技一方面缓解了信息不对称，降低了金融交易成本，另一方面通过革新生产技术的方式推动着金融消费市场变革。为了更好地发挥金融科技的优势，任喜萍认为要着力消除数字鸿沟、推进数字化建设和夯实乡村金融人才基础。金融科技的其他突出优势体现在推动抵押担保方面的创新、提升风控能力和优化业务流程等方面，因此张正平和董晶（2023）认为可以通过发展金融科技创新农村金融产品，运用金融科技塑造农村金融新模式以及借助金融科技改进农村金融授信方式，从而助力农村金融的发展。蔡雪雄和李梦琪（2023）实证分析发现数字普惠金融借助金融科技优势，一定程度上可以消除信息不对称，减少获取融资的抵押担保成本，为经营主体提供信贷支持，进而助力乡村振兴。王敏、谷雨和李兆伟（2023）认为数字普惠金融能够为农业机械化生产提供信贷服务，进而提高土地利用效率，优化农村资源配置，有利于促进乡村振兴。石虹和宋扬（2024）指出数字普惠金融发展有助于推动旅游业发展，促进农民收入增加，从而助力乡村振兴发展。同时，数字普惠金融还能够提升农村居民消费总量以及优化居民消费结构，从而促进乡村振兴（刘瑾、李振、田靖文，2024）。此外，增强创业活跃程度也是数字普惠金融促进乡村振兴的重要机制。孟维福、李莎和刘婧涵（2023）研究发现数字普惠金融可以助力乡村基础设施建设并为返乡创业提供资金支持，而返乡创业能够促进产业兴旺，从而促进乡村振兴。他们建议继续推进农村数字普惠金融的布局，进一步优化数字普惠金融发展战略。

其次，文旅产业是乡村振兴的着力点。许建、王丽菲和张晶（2023）指出乡村旅游能够促进农民增收，同时促进文化、道德和环境变革。张婧红（2023）也认为乡村旅游蓬勃发展能激发经济活力，促进乡村产业转型和高质量发展，并以侗族传统村落为例，建议大力培养乡村旅游人才、积极开发特色旅游文化产品和加大乡村旅游发展的宣传等，助力乡村振兴。刘佳和赵青华（2024）基于新内源性发展理论指出，乡村旅游发展能够促进劳动力结构非农化转型和推进新型城镇化建设，进而有利于促进乡村振兴。而文化产业则有利于传承农耕文明和发展特色经济，从而助力乡村振兴（向勇，2023）。因此，文化和旅游部将文旅融合视为文化助力乡村振兴的重要领域。桂峰兰（2023）指出文化是旅游的内核，旅游是文化的精神媒介，并认为促进文旅协同融合，能够在提升农民生活水平的同时保护文化遗产，赓续文化血脉。徐喆和陈植（2023）也认为文旅融合发展有助于合理开发和高效利用乡村的文化与旅游资源。陈昱（2024）指出文旅产业融合发展有助于推动乡村文化的传承和创新，而乡村文化的传承和创新是提升乡村文化自信的重要途径，为乡村振兴注入强大动力。丁莹（2023）认为将地域文化融入乡村旅游景观设计要遵循传承保护、公众参与和可持续发展的原则，并强调基础设施建设对乡村文化旅游产业发展的重要性。新时代，数字技术发展迅速，为乡村文旅融合发展提供了新的思路。刘英基、邹秉坤和韩元军（2023）指出数字经济能够提升资源配置效率，促进要素结构升级，加速产品与服务的迭代创新，从而对文旅融合的高质量发展产生正向赋能效应。数字经济也可以从三个方面对文旅融合产生正向影响，分别为产品展示、分配交易和动态监测。而且加强数字基础设施建设是助推数字经济促进文旅融合的核心（杨利、李梦含、张名杰，2023）。朱佳玮、孙文章和赵梓涵（2023）针对近年来中国文旅产业存在的问题提出了落实文旅体验基地认定与管理办法、创建区域数字文旅体验园、构建"文旅+中国故事"叙事框架等建议。

最后，人才培养是乡村振兴的深层内涵。朱亚坤（2022）指出新时代青年以多种多样的方式补位乡村建设事业，这主要表现在乡村创业就业、返乡创业就业、参与乡村公益和服务基层组织等。石金群（2023）认为青年将他们所拥有的社会资本、经济资本以及文化资本运用到乡村社会、产业和文化变革中，对农村基层治理结构的构建具有重要作用。张陈一轩和任宗哲（2021）认为乡村精英一方面能够重新构建基层的道德机制，提供更丰富的乡村治理方式，另一方面能够作为乡村治理主体之间的沟通桥梁，增强协调作用，从而助力乡村振兴。目前，中国乡村人力资本短板影响着人才质量，主要原因在于人才数量的增长缺乏资金、政策上的实际支撑，人力资本质量的提升缺乏系统化的设计，而且人力资本结构的优化缺乏多方面的整合（李海金、焦方杨，2021）。郭世平和毛丽霞（2023）指出为了推动"乡村CEO"赋能乡村振兴，需要鼓励强村带动弱村抱团发展、实现乡村资源共享，推动村委放权、明确政企职能权限、完善配套制度、拓展"乡村CEO"职业成长空间等。乡村振兴战略的实施必须依靠广大农民的自力更生和主体力量（杨希双、罗建文，2023）。现实生活中激活农民主体性面临各种困难，必须坚持马克思主体性思想和以人民为中心的发展思想，让农民实现从"要我脱贫"到"我要致富"的观念转变。石雨菲和赵永艳（2023）结合《乡村振兴方法论》中的实例，指出激发农村内生动力的可能路径包括全面推进城乡人才流通、顺势应变推动乡村教育发展和强化农村精神文明建设等方面的内容。

二、关于新型农业经营主体培育的研究

新型农业经营主体是实施乡村振兴战略的主力军，关于如何培育新型农业经营主体的研究对乡村振兴战略目标的实现意义重大。从国外相关研究情况来看，针对新型农业经营主体这一概念的研究较少，大多数学者对农业企业、农业合作社、家庭农场、专业大户等单个主体进行分析。首先，培育新型农业经营主体对于农民生活和农村发展都具有重要意义。以农业合作社为例，Feisali 和 Niknami（2021）指出合作社可以通过吸引成员参与、筹集小额资金、提供农业推广培训以及基础设施和生产要素等方式，为农村地区的就业贡献力量。此外，Alicia 和 Guzmán（2018）指出农业合作社使生产者能够进入市场，并能够在食品供应链中获得更高的附加值，所以它们在农业中发挥着决定性作用。特别地，在西班牙，合作社能够给其成员带来显著的社会效益，而不仅仅是经济收益。其次，对于影响新型农业经营主体发展的因素的研究主要集中在合作社和家庭农场。Bijman、Hendrikse 和 Van Oijen（2013）研究发现公司型、管理型和传统型三种农业合作社，并指出这三种类型的主要区别在于内部相关理事成员的控制权分配情况。Cechin 等（2013）提出农业合作社健康发展的前提是农户积极参与到合作社的各项事务治理中。Henriksen、Hviid 和 Sharp（2012）研究发现完善制度能够有效提高农业生产合作社的绩效。Cornia（1985）认为家庭农场需要进行规模化生产，从而促进劳动力和资本等生产要素的集聚，最终提升生产效率。然而，规模经营未必是好事。Bardhan（1973）研究发现俄罗斯家庭农场的劳动生产效率偏低，原因竟然是生产规模过大导致管理效率低，即各种摩擦成本的提高导致效率下降。

中国在 2012 年底的中央农村工作会议上首次提出培育新型农业经营主体，但并未对其概念给予明确界定。对此，学者们进行了不同角度的探讨。张新文和高啸（2019）指出中国普遍存在着传统小农户、农民专业合作社、家庭农场、专业大户（种养大户）以及农业产业化企业等主体，并认为后四者属于新型农业经营主体。陈楠和杨春慧（2024）认为新型农业经营主体包括家庭农场、农民合作社、专业大户和农业企业等类型，直接从事第一产业生产经营活动。欧春梅和邵砾群（2019）总结认为新型农业经营组织对于农业要素进行集约投入、高效产出，从而能够适应农业产业现代化转型。新型农业经营主体的主要特征是生产经营的市场化、专业化、规模化和集约化。新型农业经营主体能够发挥带动作用，是促进农业现代化发展的关键。李耀锋、熊春文和尹忠海（2020）分析江西石城"千人铸造计划"，发现新型农业经营主体的嵌入式培育会对当地小农户的发展产生重要的带动作用。他们指出石城的成功经验在于高效有力的县域行政动员，注重培育对象的乡土特点和社会基础，尊重地方种植传统，以及依托地区优势资源。杨勇（2021）也指出龙头企业可以凭借出色的企业管理能力、可观的盈利能力和开放合作的发展模式吸引优质生产要素，从而引领农业产业化发展，驱动产业化体系建设。郭少华（2022）指出目前小农户依然是中国农业生产不可或缺的重要力量，新型农业经营主体可以通过建立合作关系带动引领小农户发展，进而促进中国农业现代化发展。

新型农业经营主体培育受到许多因素的影响。郑宏运、李谷成和周晓时（2018）以种植大户为例考察农机社会化服务与新型经营主体培育之间的关系，发现农机社会化服务有利于培育新型农业经营主体。祝坤艳和蔚霖（2023）利用河南省数据定量分析发现社会服务体系是主导因素，其中信息服务体系、金融服务体系和融资渠道，对新型农业经营主体的培育具有直接的影响力。邓悦、吴忠邦和邱欢（2024）研究了农业领域企业家精神对新型农业经营主体发展的影响，发现农业企业家精神可以通过返乡创业推动新型农业经营主体发展。关于中国新型农业经营主体的发展现状，李冬艳和余晓洋（2020）从农业产出效益水平和家庭农场、农民合作社及农业龙头企业发展水平4个方面构建了评价体系。他们测评了吉林省新型农业经营主体发展水平，发现其发展成效较为显著，但距离基本实现农业现代化的目标仍存在差距。应海芬（2019）指出中国财政政策和农业保险支持新型农业经营主体培育的效果欠佳，同时新型农业经营主体在实现产业化发展过程中所需的土地和资金等要素配套也较为滞后。颜苏静、毛思波和侯华伟（2024）以吉林省通化市为例，指出金融支持新型农业经营主体发展尚存在经营主体市场地位模糊、信用记录不充分、抵押资产市场价值不高等问题，对此建议应引导人员和资金入乡村、更新信用评定系统和方式以及最大化争取政府支持。另外，人才匮乏、农民参与度低和内部管理不规范都制约着新型农业经营主体的产业化发展。从各主体类型来看，邱雯雯（2019）认为农民专业合作社存在的问题主要有精英把持、管理不规范、未发挥农民主体作用、资金短缺等，而基层劳动力、技术人才和管理人才等的缺乏是造成这些问题的重要原因（胡彬彬，2020）。张延龙、王明哲和钱静斐（2021）研究发现中国农业龙头企业已然成为产业化经营的"火车头"，其社会责任突出，与其他形式的新型农业经营主体合作发展，提供大量就业岗位。但是龙头企业产业结构仍然较为单一，加工程度低而且产业链条短，经济效益不高。家庭农场方面，赵金龙、王丽萍和胡建（2021）指出其规模经营存在现实的土地困境。由于中国每个农户持有的耕地过少而且承包经营权不稳定，加之农户间的攀比致使地租向最高标准看齐，所以家庭农场实现规模经营的交易成本极高，而利润常被成本抵销。

　　新型农业经营主体面临的问题复杂，学者们从不同角度探讨了可能的发展路径。陈淑玲和侯代男（2019）认为新型农业经营主体要主动发挥领导优势，在农业供给侧结构性改革中主动作为，提升农产品品牌建设水平，推动构建现代农业生产经营体系。杨久栋、马彪和彭超（2019）研究指出，目前新型农业经营主体普遍存在盲目扩张现象、有较大的经济效益波动、抵抗风险能力不足等问题。对此，李梦琪、柯雪龙和康宽（2024）提出要想实现新型农业经营主体的高质量发展，亟须解决的是提升新型农业经营主体的风险抗压能力和经营稳定性。孔祥智和周振（2020）指出中国新型农业经营主体受到体制机制制约，总体上非常脆弱。他们认为应当加快推进农村要素市场化改革、增强新型农业经营主体的内生发展动力和全面提升政府支持效能。周广竹（2021）将各类新型农业经营主体置于同一研究框架下，探讨调适方略，并提出以下建议：第一，要对农业从业者开展资格认证和技术培训，使其懂经营、懂农业、懂技术。第二，农业的经营规模要从多功能性的维度进行考量，宜大则大、宜小则小。第三，要进行劳动监督。黄博（2020）针对农民专业合作社的困境提出建议，认为可以通过提升组织化程度与规模效益、提升人力资本、强化监督治理等措施，推动合作社的规模化、规范化、特色化发展。新型农业经营主体的发展离不开政策支持，贾峤（2020）在研究辽宁省农业政策担保体系运行现状后，发现当地政策性担保目标不够清晰、实施效率不高、担保服务非均等化，并建议明确政策性担保目标、完善担保执行网络和增加担保政策的包容性，从而找到解除农业政策担保体系信贷约束的路径。为了激励金融机构支持农业产业发展，金融机构涉农贷款增量奖励试点政策应运而生。洪炜杰（2024）基于该政策研究发现正规金融向农业产业倾斜，缓解农业产业的信贷约束，有助于促进新型农业经营主体高质量发展。韦姿百（2021）认为可以通过财税政策的制度性优化设计化解结构性供需矛盾，强化政策的执行刚性，从而推动新型农业经营主体的健康发展。

三、关于金融支持新型农业经营主体培育的研究

国外学术界有关金融支持新型农业经营主体培育的研究主要是从单个主体角度展开。首先，就新型农业经营主体培育过程中金融支持的重要性，Belek、Jeanmarie 和 Raj（2020）的研究表明小额信贷服务提高了家庭农场的农业生产率。Oostendorp 等（2019）认为普惠金融能够提高农业的气候智能性和包容性，即降低天气变化和季节的长期结构性变化对农民收入的压力，对农业综合企业持续健康发展起到了至关重要的作用。其次，针对新型农业经营主体获取金融支持的现状和原因，Lerman 和 Parliament（1993）发现合作社主要以短期借款的形式筹集新债，这表明银行可能不愿意向合作社提供长期贷款，因为商业银行对农业合作社"非正统"的所有权结构和与各种保留和赎回计划相关的合作股权的动态性质感到不安。Gichuki 和 Kamau（2022）研究了肯尼亚普惠金融发展状况，发现抵押品不足是农业企业家获得农业信贷的主要障碍，而收入水平显著决定了他们从小额信贷银行获得农业信贷的概率。由于传统银行系统严重依赖抵押品来确定信贷金额，而移动

银行依赖信用评分进行贷款发放，因此大多数农业企业家可能会从移动银行寻求信贷。对于这部分农业企业来说，它们与银行代理机构的距离会影响其从移动银行获得农业信贷的概率。此外，有的国家和地区新型农业经营主体的资金主要来源于非正规信贷。Mersha 和 Ayenew（2018）发现埃塞俄比亚西南奥罗米亚地区小额信贷机构的行政程序复杂，而且客户服务官员存在腐败现象，所以相当大比例的小农从非正式债权人那里获得贷款。

中国新型农业经营主体普遍面临融资约束问题，而这是由许多因素造成的。骆钰（2019）研究发现不同新型农业经营主体的贷款需求和贷款获得程度存在显著差异。进一步的分析结果表明各主体的信用度、受教育程度、经营期限、毛收入水平和贷款经历正向影响其信贷匹配程度。郭树华和裴璇（2019）利用云南省数据进行实证分析，发现家庭农场的融资能力受到融资渠道和融资用途的影响，即融资渠道采用信用社贷款和贷款用于农业生产时可以有效提高融资能力。曾雄旺、张子涵和胡鹏（2020）研究指出新型农业经营主体存在融资困境主要是由于融资渠道狭窄、融资主体信息不对称、监督机制尚未完善等。另外，金融素养也是重要因素。金融素养缺乏会导致新型农业经营主体的认知偏差与非理性决策，抑制有效金融需求（张乐柱、王剑楠，2022）。在影响新型农业经营主体融资能力的因素中，信用水平比较复杂，同样受到多种因素的影响。艾睿和王鹏（2022）研究发现新型农业经营主体农业生产经营收入在总收入中占比提高，能够显著提升信用水平，而且抵（质）押担保实际不能降低信贷违约概率，所以相对于资产，信用评价更多地考虑收入与支出状况。关于中国金融对新型农业经营主体培育的支持现状，谢玲红、吕开宇和郭冬泉（2022）研究表明新型农业经营主体融资需求强烈，贷款用途集中，但贷款获批率不高并且以短期小额贷款为主，其实际利率也比预期水平高。此外，不同类型主体的融资供需差异较大，其中种养大户的资金需求额小但贷款获批率高，而合作社贷款获批率不高但获贷额最高。杨彩林、李雯雅和易宇扬（2022）调研发现农地经营权抵押贷款有助于新型农业经营主体增加农业生产投入、扩大农地流转规模和吸收农村闲置劳动力，但存在申请程序复杂、价值评估体系不完善、贷款额度低、经营权处置困难等问题。赵亚雄和付晨（2023）认为金融科技能够提升金融可得性、增强金融使用性以及降低金融交易成本，但是在金融科技支持新型农业经营主体发展的过程中仍然存在诸多问题，例如农村基础设施建设基础比较薄弱、金融机构数字化转型速度比较缓慢以及新型农业经营主体能力较低等。

现阶段，金融对中国新型农业经营主体培育的支持作用面临一些困境。曲丽丽、李美娆和刘畅（2022）研究中国新型农业经营主体融资模式，指出目前通用型融资模式主要包括基于供应链金融、基于政府主导、基于互联网金融三种，并认为破除新型农业经营主体的融资壁垒需要注重融资模式创新。吴成浩（2019）指出在新型农业经营主体的培育过程中，金融政策支持存在机制设计不够健全、产品与服务创新缺乏、财政补贴力度较弱以及保险保障效果较差等问题。宋洪远、石宝峰和吴比（2020）研究发现不同类型的新型农业经营主体都有强烈的融资意愿和需求，但由于他们难以获得来自政府的担保支持，因此在向银行申请贷款时，银行一般不会通过。申康达（2022）认为中国金融机构对新型农业经营主体的授信程度低，而且他们主要依靠农村信用社融资或自有资金进行农业生产经营。孙文华和陆岷峰（2024）发现新型农业经营主体由于资信证明和信用记录不足等原因难以达到传统金融机构的贷款门槛，因此新型农业经营主体不能便利地获得融资。熊磊（2023）也指出当前中国农村金融供给结构不合理，而有限的金融资源被少数精英农户占有，所以金融对新型农业经营主体培育的支持作用还有待进一步发挥。新型农业经营主体的金融服务需求特征是复杂的，所以需要从多方面寻找优化金融对其支持作用的可能路径。邹一南（2022）指出新型农业经营主体生产经营规模大、融资需求额度高，生产经营周期长、资金结构多元，主体类型多样、金融服务有差异。

为了充分发挥金融对新型农业经营主体的支持作用，学者们从多个角度探讨了可能方案。申云、李京蓉和吴平（2019）认为新型农业经营主体的融资增信可以从两个方面实现。内部融资通过构建村社共同体，可以有效融合村集体信用与合作社信用，而外部融资增信的主要方法是政府建立守信激励与违约惩罚机制，第三方增信机构建立费率定价机制。曾雄旺、张子涵和胡鹏（2020）针对融资约束问题，提出完善互联网监督体系、加强市场竞争力和推行新型的融资方式用以服务新型农业经营主体。熊磊（2023）提出金融支持新型农业经营主体发展应当将重点放在推动农村产业发展，具体措施是为农村产业融合提供精准的金融服务、拓宽多元化的信贷融资渠道、在农业社会化服务中加大金融支持。米运生、邓伟华和李盈盈（2023）提出利用土地经营权增进新型农业经营主体信贷可得性的方法。他们通过实证分析发现仅以立法形式强化经营权难以有效提升新型农业经营主体的信贷可得性，需要借助非正式治理制度和土地交易平台等配套政策，增强法律在实践中的可操作性。近年来，数字技术的快速发展为新型农业经营主体融资模式提供了创新方案。孙文华和陆岷峰（2024）提出可以通过大数据等数字技术降低农业贷款的风险和成本，以普惠金融服务方式促进新型农业经营主体发展。杨兆廷、李俊强和付海洋（2021）认为基于"区块链+大数据"建立农地登记、交易和智能抵押系统，构建以村为信息节点、采集多维信息的新型农业经营主体的征信体系，可以减少信息不对称，是摆脱新型农业经营主体融资困境的有效手段。赵雨舟、王文华和赵丽锦（2022）也指出区块链中的分布式账本、共识机制和智能合约等技术，可以帮助新型农业经营主体盘活土地资产，健全农村征信体系，规范互联网融资监管，从而推动乡村普惠金融的建设。孙鸽平（2022）认为数字普惠金融有效缓解了新型农业经营主体的资金压力，增强了风险抵抗能力，并提出商业银行网络信贷模式、大数据小额贷款模式、供应链融资模式等创新型融资模式。

四、研究评述

通过对国内外学者的相关研究进行梳理，本书对现有研究结果总结如下：第一，国内外对于乡村振兴或乡村发展的研究主要集中在影响因素、发展现状与发展路径方面，其中值得注意的是金融和科技的有机融合催生了新型金融服务方式，可以显著增强金融支持新型农业经营主体培育的效果，从而对乡村振兴战略的实施产生重要的影响。第二，国外学者对于新型农业经营主体的研究主要从家庭农场、合作社、农业产业化企业等单个主体角度展开；相比而言，国内学者对于新型农业经营主体发展的综合问题研究更多，针对特定类型的研究尚不完善。第三，国外对于农业发展及农业经营主体的研究起步较早，对中国新型农业经营主体的培育有一定的借鉴意义，但是鉴于国情的巨大差异，中国需要因地制宜采取措施推动新型农业经营主体的发展，稳步推进乡村振兴战略实施。

推进乡村振兴是农村经济社会发展的主旋律，而乡村振兴目标中产业兴旺是基础，是关键的一环。在新时代背景下，比小农户更具有发展优势的新型农业经营主体成为推动农业现代化发展的主要力量。然而，中国新型农业经营主体发展仍然面临一些困难，其中资金问题较为突出，制约着新型农业经营主体的进一步发展。本书认为优化金融服务体系，能够为新型农业经营主体的发展创造更好的投融资环境，助力乡村振兴战略的实施。新型农业经营主体的培育既受到外在发展环境的影响，也受到自身短板的制约，这是一项艰巨而意义重大的事业，需要多方力量的支持。综合来看，学者们对于乡村振兴、新型农业经营主体培育以及金融支持三个独立方面的研究比较完整，而对于三者的理论和现实关系的研究尚不成熟。本书提出从优化金融服务体系的角度支持新型农业经营主体的培育，进而促进乡村振兴战略目标的实现，这是具有较强现实意义的研究方向，也具备一定的创新性。

总体而言，国外相关研究为本书提供了很好的理论借鉴。但小农经济占主导地位的农村条件和贵州多山区、多民族的农村经营环境对其他国家或地区的经验借鉴构成了明显的约束，需要进行必要的扬弃和创新，迫切需要结合贵州实际情况开展更为深入的研究。国内学术界关于金融服务与新型农业经营主体培育的关系研究尚处于起步阶段，存在新型农业经营主体培育所需的宏观层面的金融制度、市场和组织如何优化，微观层面的金融产品、服务方式和技术如何创新等重大问题，未能从深化农村金融供给侧结构性改革的角度给出理论性和系统性的回答。因此，研究乡村振兴背景下贵州新型农业经营主体培育的金融服务体系优化，尚有较大的拓展与创新空间。

第三节　研究目标与研究内容

一、研究目标

本书的总体研究目标在于：构建乡村振兴战略与新型农业经营主体金融服务之间关系的理论分析框架，厘清乡村振兴背景下贵州新型农业经营主体培育的金融服务供需状况，探索乡村振兴背景下贵州新型农业经营主体培育的金融服务体系优化总体构想、路径框架与保障机制。具体研究目标如下：

其一，构建乡村振兴战略与新型农业经营主体金融服务之间关系的理论分析框架，这是本书进行问题阐释、实证检验、对策研究的基本指导思路。该研究目标的实现需在界定相关概念及内涵的基础上，论述乡村振兴战略与新型农业经营主体金融服务之间的逻辑关系，进而利用系统工程理论对乡村振兴战略与新型农业经营主体金融服务展开系统分析。

其二，厘清乡村振兴背景下贵州新型农业经营主体培育的金融服务供需状况，这不仅是对理论研究内容的检验，也是进行对策研究的主要依据。该研究目标的实现需以理论框架为指导，借助问卷调研、描述统计和计量分析手段，描述分析贵州新型农业经营主体的发展困境与金融服务供需现状及困境，并实证检验贵州新型农业经营主体的金融服务成效。

其三，设计乡村振兴背景下贵州新型农业经营主体培育的金融服务体系优化总体构想、路径框架与保障机制，这是推动课题成果由科学研究向实践指导转化的重要步骤。该研究目标的实现需要基于理论分析和实证结论，围绕贵州新型农业经营主体的供给现状以及对金融服务的现实需求，设计相应的金融服务体系优化总体构想、路径框架与保障机制。

二、研究内容

本书后续章节的内容框架设计如下：

第一，本书研究的相关概念界定、理论基础与经验借鉴。对乡村振兴、新型农业经营主体以及金融服务体系的概念内涵进行科学界定，对新型农业经营主体与金融服务体系优化的理论基础进行系统梳理，全面归纳总结美国、日本、法国等发达国家和国内山东、河南、四川等农业大省新型农业经营主体金融服务的实践、经验总结以及重要启示。

第二，乡村振兴战略与新型农业经营主体金融服务的关系研究。对乡村振兴战略与新型农业经营主体金融服务的逻辑关系进行理论分析，基于系统工程理论，分别将乡村振兴战略与新型农业经营主体金融服务看作两个有机系统，并分析其系统构成。在此基础上，对乡村振兴战略与新型农业经营主体金融服务进行系统分析，并构建了二者的关联图。

第三，乡村振兴背景下贵州新型农业经营主体的发展困境与金融服务需求。综合考虑贵州省内地域差异、新型农业经营主体培育水平、农村金融服务状况等因素，选取贵阳、遵义、铜仁、毕节、黔东南、黔西南6个地级市（民族自治州）进行问卷调研并获取数据。采取描述性统计分析方法，深入剖析贵州新型农业经营主体的发展困境以及金融服务需求特征。

第四，乡村振兴背景下贵州新型农业经营主体的金融服务供给现状与问题。综合采用文献研究法与描述性统计分析方法，对乡村振兴背景下贵州新型农业经营主体培育的金融服务供给现状进行分析，并深入探讨贵州新型农业经营主体培育过程中金融服务供给存在的主要问题，为后续科学设计贵州新型农业经营主体培育的金融服务体系优化路径奠定坚实的基础。

第五，乡村振兴背景下贵州新型农业经营主体的金融服务成效实证检验。以金融服务需求与金融服务供给之间存在的矛盾为出发点，利用微观调研数据，构建结构方程模型，定量测度金融服务需求和金融服务供给对贵州新型农业经营主体培育效果的差异化影响，以期有针对性地改善金融服务供需环境，促进新型农业经营主体的培育壮大。

第六，乡村振兴背景下贵州新型农业经营主体培育的金融服务体系优化总体构想。充分发挥和释放金融服务体系优化对贵州新型农业经营主体培育的作用与潜力，既要充分了解贵州新型农业经营主体培育过程中存在的金融服务供需失衡现象，还要在此基础上明确金融服务体系优化的指导思想、目标定位以及基本原则，从而为相应的路径设计与政策供给提供基本遵循。

第七，乡村振兴背景下贵州新型农业经营主体培育的金融服务体系优化路径设计。培育壮大贵州新型农业经营主体，迫切需要设计宏观与微观相结合的金融服务体系优化路径框架。其中，宏观层面优化路径主要涉及金融政策体系、金融组织体系与金融市场体系的健全完善；微观层面优化路径侧重金融产品体系和金融技术体系的丰富、创新。

第八，乡村振兴背景下贵州新型农业经营主体培育的金融服务体系优化保障机制。培育壮大新型农业经营主体是一项复杂的系统性工程，不仅需要优化金融服务体系，还需要相应的保障机制来确保金融服务政策措施落地生效。本书从政策保障机制、信用保障机制、风险保障机制与法律保障机制等四个方面着手，对贵州新型农业经营主体培育的金融服务体系优化保障机制进行系统阐述。

第四节　研究思路与研究方法

一、研究思路

本书遵循"理论研究—实证研究—对策研究"的应用经济学一般研究逻辑。首先，科学界定乡村振兴、新型农业经营主体以及金融服务体系的概念内涵，系统揭示乡村振兴战略与新型农业经营主体金融服务的关系原理；其次，运用统计计量分析方法，从需求侧和供给侧两个方面出发，全面考察贵州新型农业经营主体的发展困境与金融服务供需现状，实证检验贵州新型农业经营主体的金融服务成效；最后，系统提出新型农业经营主体培育的金融服务体系优化总体构想，科学设计新型农业经营主体培育的金融服务体系优化路径框架，并构建新型农业经营主体培育的金融服务体系优化保障机制。理论研究是本书的逻辑起点，实证研究是本书的内在基础，对策研究是本书的价值归宿。研究思路和技术路线如图 1.1 所示。

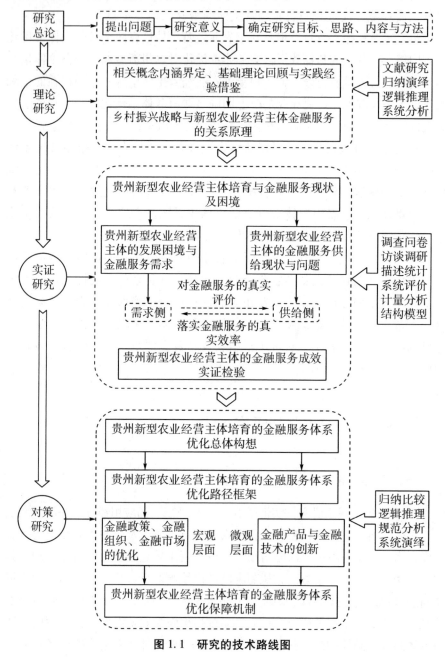

图 1.1 研究的技术路线图

二、研究方法

本书的具体研究方法如下：

一是理论部分。首先，结合相关学科知识，采用归纳演绎、逻辑推理等方法界定相关概念及内涵；其次，在资料收集的基础上，采用文献研究方法回顾本书相关基础理论；最后，采用逻辑推理与系统分析相结合的方法分析乡村振兴战略与新型农业经营主体金融服务的关系原理。

二是实证部分。首先，采用问卷发放、实地调研、专家咨询相结合的方式进行大量的微观调查和资料收集，结合宏观统计数据采用描述性统计分析方法考察贵州新型农业经营主体的发展困境与金融服务供需现状；其次，采用结构方程模型实证检验贵州新型农业经营主体的金融服务成效。

三是对策部分。以制度经济学理论、系统理论等基础理论和国内外实践经验借鉴为基础，采用归纳比较、规范分析、逻辑推理等方法提出贵州新型农业经营主体培育的金融服务体系优化总体构想与路径框架，并构建相应的保障机制。

第五节　研究特色与创新之处

第一，在理论研究方面，本书充分借鉴前人相关理论，结合中国乡村振兴战略实施背景，运用归纳演绎、逻辑推理、系统分析等方法，详细梳理了乡村振兴战略与新型农业经营主体金融服务的关系原理，为实证分析与对策研究提供了科学的理论依据。

第二，在实证内容方面，本书利用微观调查与宏观统计数据，运用统计分析、比较分析、结构方程模型等方法，系统考察了贵州新型农业经营主体的发展困境与金融服务供需现状，定量测度了金融服务对贵州新型农业经营主体培育效果的影响，为对策研究与政府决策提供了坚实的经验证据。

第三，在对策设计方面，本书基于贵州培育壮大新型农业经营主体的历史使命和对优化金融服务的时代呼唤，借鉴国内外实践经验，紧密结合当前乡村振兴战略实施的现实需求，系统提出了贵州新型农业经营主体培育的金融服务体系优化路径与保障机制。

第二章 概念界定、
理论基础与经验借鉴

着力优化新型农业经营主体的金融服务体系，不但是贵州农业农村发展和金融供给侧结构性改革的现实需要，而且也有其必要的理论基础和经验借鉴。因此，要系统研究如何优化贵州新型农业经营主体培育的金融服务体系，必须对研究所涉及的概念内涵进行科学界定，要对相关理论进行系统梳理和深入分析，同时还要对国内外新型农业经营主体金融服务的实践经验进行归纳总结。只有厘清了上述这些最基本的问题，才能更好地开展后续研究。

第一节 概念界定

一、乡村振兴的概念内涵

乡村振兴战略是中国共产党为解决"三农"问题、推进农业农村现代化所作出的重大战略决策。本书借助党的十九大报告中关于乡村振兴战略的"二十字"具体要求，对乡村振兴的概念内涵进行系统界定，即"产业兴旺、生态宜居、乡风文明、治理有效、生活富裕"。首先，乡村振兴就是要实现"产业兴旺"，即通过完善现代化农业的产业、生产以及经营体系，为乡村产业融合发展奠定基础，进而为乡村振兴提供源源不断的经济动能（张广辉，2022）。其次，乡村振兴就是要实现"生态宜居"，即满足乡村居民吃、穿、住、行等物质需求之后，进一步对其生产生活的基础环境进行改善，增强乡村居民的获得感和幸福感。再次，乡村振兴就是要实现"乡风文明"，即通过乡村文化振兴，使乡村焕发出文明的新气象，本质是"治理有效"和"生活富裕"两个维度在精神层面的具体体现（廖彩荣、陈美球，2017）。坚持社会主义核心价值观是培育现代"乡风文明"的关键所在，要积极建立良好的家风、淳朴的民风，努力提升乡村文明水平。再其次，乡村振兴就是要实现"治理有效"，即通过改善乡村治理措施，提高乡村治理水平，实现有效治理。健全乡村治理体系，要聚焦现代化、大众化，在体制机制与群众参与上寻求突破（陈万莎、沈迁，2022）。最后，乡村振兴就是要实现"生活富裕"，即通过实施乡村振兴战略，提高乡村居民收入水平，使发展成果惠及广大农民。基于此，本书认为乡村振兴即通过建设"产业兴旺、生态宜居、乡风文明、治理有效、生活富裕"的乡村，使乡村发展重现旺盛的生命力，在产业、人才、文化、生态、组织五大方面实现乡村的全面振兴。

脱贫攻坚取得伟大胜利后，全面推进乡村振兴是党中央对"三农"工作的又一重大决策部署。"五个振兴"（即产业、人才、文化、生态、组织的振兴）是在全面推进乡村振兴过程中必须长期坚持的基本要求。具体而言，产业振兴可以为乡村振兴提供必要的物质基础，是乡村振兴的重点（席强敏、张颖、张可云，2023）。应全面深化农业供给侧结构性改革，通过产业帮扶，推动乡村产业链优化升级，提升农产品供给质量和经济效益，促进一、二、三产业融合发展。人才振兴能够为乡村振兴提供重要的人才储备，是乡村振兴的关键。应依据乡村发展实际需求，加大农业科研、技术以及经营等类型人才的培养力度和深度，提升人才输送强度，为各类人才提供施展才华的广阔舞台。文化振兴为乡村振兴提供内生动力（文立杰、纪东东，2021）。应以社会主义核心价值观为基础，加强社会主义精神文明建设，继承、弘扬优秀传统文化，以优秀文化带动优良社会风气，推动乡村文化振兴。生态振兴是乡村振兴的重要支撑。要改善乡村生态环境，推动农业生产生活方式绿色转型，一方面要持续推动天然气进村入户、农村厕所革命，坚决治理乡村生活垃圾与生活污水乱排乱放问题，另一方面要积极推广农业绿色生产技术，减少农业污染排放和面源污染，努力提升农业生态环境保护水平。组织振兴是乡村振兴的根本保障。要坚定不移地坚持党的领导，发挥好农村党组织在乡村振兴中的政治引领作用，推动完善乡村治理体系，以党建引领振兴。总体来看，"五大振兴"同前文乡村振兴战略"二十字"的具体要求同根同源、一脉相承，是不可分割的有机整体。全面推进乡村振兴关键在"全面"，必须加强顶层设计、统筹谋划、科学推进，人力投入、物力配置、财力保障都要转移到乡村振兴上来。

二、新型农业经营主体的概念内涵

2012 年，党的十八大报告提出要发展新型农业经营主体，随后国内学者对新型农业经营主体的界定以及组织形式等做了广泛研究，并形成了"三主体""四主体""五主体"等划分类型。王文龙（2017）从经营规模、生产技术、管理水平角度，将新型农业经营主体界定为规模较大、技术先进以及管理水平较高的三种经营主体，包括家庭农场、农民合作社和农业龙头企业。郭卫东、程安和李国景（2021）提出，新型农业经营主体包括四种类型：农民专业合作社、专业大户、农业龙头企业以及家庭农场。牛佳和蔡亮慧（2017）将农业经营服务性组织也纳入新型农业经营主体范畴。王雅静和陆建飞（2021）按经营类型的不同将新型农业经营主体划分为三种类型：一是家庭经营类，有专业大户、家庭农场和生产服务专业户等；二是合作经营类，主要包括农民合作社、农民专业协会等；三是以农业产业化龙头企业为代表的企业经营类。结合上述研究与贵州省实际情况，本书认为新型农业经营主体是在家庭联产承包责任制基础上，具有经营规模大、技术先进、专业化和集约化程度较高等特点的专业农户和农业经营组织，具体包括农民专业合作社、专业大户、家庭农场以及农业产业化龙头企业。从不同的主体类型来看，农民专业合作社是指由同类农业生产、经营和服务的相关参与者遵循自愿、民主原则进行联合、管理的互助性经济组织；专业大户是指初步实现农业某一产业规模化、专业化生产经营的农户，包括专业种植户与专业养殖户；家庭农场是指以家庭为单位从事集约化、规模化和商品化的农业生产经营活动的农业主体，主要劳动力均为家庭成员；农业产业化龙头企业是指从事农产品生产、加工和流通并达到一定规模和指标的现代农业企业（李江一、仇童伟、秦范，2022；李江一、秦范，2022）。

新型农业经营主体一般具备如下三个方面的重要特征：首先，专业化的经营模式。与传统农业经营主体相比，新型农业经营主体大多拥有先进的装备设施和较高的生产技术水平，具有现代经营管理意识，能够实现资本要素、劳动力要素、土地要素以及技术要素的优化配置。同时，依据农业现代化发展目标，新型农业经营主体通过积极开展专业化、组织化以及集约化的农业生产经营活动，可以为城乡居民提供更加品质化、多样化以及标准化的农副产品。其次，具体化的功能定位。通常而言，不同类型的新型农业经营主体在各自生产环节具备不同的功能优势，定位相较于传统农业经营主体更加具体。专业大户、家庭农场等规模经营者所采用的家庭经营模式在种养业生产阶段具备优势；农民合作社等社会化服务组织的合作经营方式，有利于农业生产资源配置、农产品产销以及其他农业生产性服务；农产品加工、仓储、物流阶段适宜采用公司化经营，主要经营主体是农业产业化龙头企业。最后，集约化的发展方式。中国农业现代化受到资源环境约束，农村劳动力大量流失，土地和劳动力要素投入受限，这要求新型农业经营主体拥有更高的资本、技术密集程度，从而实现集约化生产，劳动生产率、土地产出率和资源利用率都比较高，更加注重科学技术、管理、生态在农业生产经营中的地位和作用。

三、金融服务体系的概念内涵

金融广义上是指资金的融通，表现为资金由盈余方流向短缺方的过程。而完成资金流动需要金融机构和金融市场的参与，从微观角度来看，该过程不仅涉及为社会融资主体提供服务的金融组织、其提供的金融产品以及提供服务所使用的金融技术等；从宏观角度来看，该过程还涉及金融政策和金融市场（黄可权，2017）。而金融服务体系的最终目标是通过金融手段，提高市场主体投融资成功率和收益率，优化金融资源配置。因此本书将金融服务体系界定为在资金融通过程中与融资主体有关的金融政策、金融市场、金融组织、金融产品和金融技术等要素所构成的整体，具体可划分为金融政策体系、金融组织体系、金融市场体系、金融产品体系以及金融技术体系等。金融政策体系是指地方政府和金融监管部门所出台的利用金融提升政府管理效率、促进经济发展的一系列支持政策的总称。金融组织体系是指在一定的社会经济及金融制度下，银行和非银行金融机构的组织结构及其整个金融体系中的地位、职能和相互关系。金融市场体系是指由不同的以金融资产为交易对象而形成的供需关系和交易机制所构成的金融市场总和。金融产品体系是指各类金融产品的总和，涉及投资、储蓄、信贷、结算、证券买卖、商业保险和金融信息咨询等多方面。金融技术体系是指能够创新传统金融行业所提供的产品和服务，提升金融效率、促进金融发展的各类技术手段，当前新兴前沿金融技术包括大数据、区块链、云计算、人工智能等。

所谓新型农业经营主体的金融服务体系，本质上是属于金融服务体系在农业发展领域的具体组成部分，承担着满足新型农业经营主体金融服务需求，进而促进农业高质量发展的职责。新型农业经营主体的金融服务一般是指金融机构为新型农业经营主体提供信贷、储蓄、保险、证券买卖、结算、投融资以及金融信息咨询等方面的服务，具体包括农业贷款、农业保险、各类证券、债券、基金、农业担保、支付清算服务以及资产证券化等。新型农业经营主体的金融服务体系优化的方向主要在于：首先，充分发挥金融对农业供给侧结构性改革的支持作用。要着力完善供应链金融建设，加强对农业关键、核心技术创新的信贷支持，为农机装备研发、制造企业提供融资债券发行咨询、担保等支持。其次，要紧密结合农业产业链发展特征，有针对性地提供投融资、信贷、结算以及保险等金融服务。不断创新适合新型农业经营主体的金融产品，缓解信贷约束，发挥金融分散经营风险的作用，推动农业发展。再次，应充分发挥互联网信息技术与金融科技优势，推动农业生产信息化、农产品销售网络化发展。最后，为农村基础设施建设提供金融支持，如提供长期信贷以及汇聚社会资金等，增强金融机构网点综合化服务能力，推动基本公共服务与金融服务融合发展。

第二节　理论基础

一、农业规模经济理论

学术界关于农业规模经济的理论大体可分为三种：西方农业规模经济理论、马克思主义农业规模经济理论以及中国特色农业规模经济理论（彭群，1999）。西方农业规模经济理论认为，长期来看所有生产要素投入都可变动，农业生产要素投入变动会改变农业经营规模，从而出现规模经济或规模不经济两种情况（赵旭强、韩克勇，2006）。农业经营规模扩大从而引起成本下降和产出增加，即称之为规模经济，具体表现为长期平均成本曲线的显著下降；反之，则称之为规模不经济，具体表现为长期平均成本曲线的明显上升。农业最佳经营规模出现在长期平均成本曲线的最低点（彭群，1999）。农业规模经济可通过内部规模经济和外部规模经济获得

（钱克明、彭廷军，2014；杨宗耀、许永钦、纪月清，2020）。内部规模经济是指产出增加导致的单位成本下降，农产品可变成本受到控制，固定成本随产量扩大进一步分摊到单位产品；外部规模经济是指与农业规模无关的外部条件发生变化带来的经济效益。原因主要有：经济发展使农业市场繁荣，农业行业分工深化提高部门生产效率，社会总体农业科学进步、劳动力素质提高。马克思主义涉及农业规模经济的理论论述主要集中于农业大生产和小生产的关系。首先对小农经济的内涵和性质作出界定，恩格斯认为小农经济是指土地经营规模小于家庭耕作能力的农业经济模式，该模式具有初级、分散、封闭、隔离的自然经济特征，是一种排斥协作分工、违背生产力自由发展的落后生产方式。马克思主义认为，由于农业技术和大机器的应用，农业中的大生产将逐渐排挤和取代小生产，在农业生产中占据优势地位，同时主张通过用农业合作社的生产、资料占有取代小农私人生产、资料占有，从而实现规模经济。改革开放后，在家庭联产承包责任制基础上，具有鲜明中国特色的农业规模经济理论不断发展成熟。在该理论看来，增加农业经营规模要以经济和社会发展为前提，一方面要建立健全土地流转制度，以家庭经营为基础，逐步扩大规模经营比重，取代分散的小规模经营，另一方面要充分发挥政府的宏观调控作用，加大农业保护力度，在发展规模经营的同时做好配套政策支持。

农业规模化经营随着农业现代化速度加快正变得越来越普遍。农业规模经济理论对本书研究的理论支撑作用体现在以下三个方面：首先，农业规模化经营能够强化农业产业韧性、提高农民收入，进而促进乡村振兴。一方面，发展多种形式的农业规模化经营有利于提高农业生产的规模化和组织化程度，提升重要农产品供给保障能力，逐步增强农业产业韧性和抗风险能力；另一方面，发展农业规模化经营不仅有利于有效盘活闲置土地，为发展适度规模经营提供稳定的土地要素，还能够提高农业劳动生产率，增强农产品市场竞争力，切实降低农业生产经营成本，进而带动普通农户共同增收致富。其次，开展规模化经营是新型农业经营主体的基本特征。在资源环境、劳动力短缺等条件制约下，新型农业经营主体必须是资本、技术密集程度较高的农业组织，更加注重科学技术、管理、生态在农业生产经营中的地位和作用，能够通过农业规模化经营实现对资源要素的集约利用。最后，农业规模化经营有利于优化新型农业经营主体的金融服务体系。一方面，经营规模扩大通常意味着可以增强更加多样化的抵

（质）押资产类型，有助于提升新型农业经营主体的信用水平，降低融资成本；另一方面，充足的抵（质）押资产以及服务对象绝对数量减少，有利于降低金融服务机构的经营风险和经营成本，进而促进金融服务体系优化。

二、农业产业组织理论

产业组织理论由美国经济学家梅森和贝恩创立，核心在于研究产业内企业关系与结构的状况、性质、规律以及组织行为和市场行为对产业内资源配置效率的影响情况（陈江华，2016），主要学派有哈佛学派、芝加哥学派和新产业组织理论学派。由于农业生产具有周期长、风险大、技术进步缓慢等特性，农业产业组织理论研究与传统产业组织理论存在一定的差别。农业产业组织是一种交易活动的契约关系或者协调方式，它的对象是农户或者农民与相关企业、合作组织等中间组织机构（尚旭东、叶云，2020）。新型农业经营主体作为一种重要的农业产业组织，在促进乡村产业振兴与农业农村现代化过程中发挥了极为重要的作用。近年来，受国内外经济环境的影响，中国农业农村现代化一方面遇上了难得的历史机遇，另一方面也面临着严峻的风险挑战。尤其是受组织化水平低、经营规模小以及竞争能力弱等因素制约，农业农村现代化进展依旧缓慢。为了有效推进农业农村现代化进程，必须借鉴产业组织理论，创新完善现代农业产业组织体系，积极培育壮大新型农业经营主体。

目前，加快发展农业产业组织的重点在于：第一，坚持家庭联产承包责任制主体地位。要以家庭承包经营为基础，建立起涵盖各类新型农业经营主体，全方位覆盖农业产业链条的农业产业组织体系。第二，重视普通小农户发展诉求。带动小农户发展不仅是推进农业现代化的现实需要，更是实现农民农村共同富裕的必然选择。一方面，要发挥新型农业经营主体对小农户的积极作用，建立小农户帮扶长效机制，引领、服务、优化小农户生产经营；另一方面，要引导小农户加强与新型农业经营主体对接，积极主动融入现代农业产业体系。第三，强化市场化导向。要充分发挥市场机制在资源配置中的决定性作用，引导各类生产要素向新型农业经营主体流动。一方面，要培养新型农业经营主体核心竞争力，引导其积极适应并参与市场竞争，能够根据市场变化及时调整生产经营，满足市场需求；另一方面，要优化市场营商环境，明确新型农业经营主体的市场主体地位，强化政府政策扶持，放宽市场准入制度。第四，引导规范化发展。一方面，要通过政策引领完善现代农业产业组织制度设计，引导新型农业经营主体规范化发展，建立完善的现代农业产业组织体系；另一方面，要广泛开展新型农业经营主体教育培训，提高综合素质和经营管理能力，同时完善登记管理并加强基础设施建设，实现新型农业经营主体的规范化发展。

三、农村金融发展理论

农村金融在发展过程中出现过三个阶段性理论：农业信贷补贴理论、农村金融市场理论及不完全竞争市场理论。改革开放初期，农业信贷补贴理论占据农村金融理论主导地位。农业信贷补贴理论认为，农业生产周期长、劳动效率低、比较收益小，天然具备高风险属性；与此同时，农村居民闲置资金少、储蓄能力低下，有效抵押品不足，从而农业发展必然面临信贷资金短缺难题。为此，政府必须通过财税补贴的方式支持金融机构涉足农村金融市场并提高其经营收益，从而引导其加大对农村地区的金融产品和服务供给（刘丹、张宁、王翌秋，2016）。20世纪80年代后期，在农业信贷补贴理论的基础之上形成了农村金融市场理论。农村金融市场理论指出，政府过度的干预将抑制农村金融市场的效率与公平，进而不利于农村金融可持续健康发展。此时，引入市场化利率可以有效提高涉农金融机构的积极性，提升农村金融市场运作的效率，因此主张金融中介机构合理地动员农村储蓄、有效地管理资金（张龙耀、王梦珺、刘俊杰，2015）。到了20世纪90年代，依靠市场机制难以解决农村资金短缺问题，由此产生了考虑非市场因素的不完全竞争市场理论。不完全竞争市场理论认为，农村金融市场是一个不完全竞争的市场，金融组织对借款人的信息掌握不充分，因而需要外部组织和外部资金介入农村金融市场。这样一方面使得优惠贷款逐渐趋向小农户，另一方面使得农村金融机构能够获得交易成本补偿。

农村金融发展理论的理论意义主要在于：首先，有助于培育新型农业经营主体。新型农业经营主体的借贷行为属于农村金融市场的有机构成。市场机制虽有助于促进农村金融资源流动，但却并不能保证处在发展初期、抵押物和固定资产匮乏的新型农业经营主体都能获得充足的金融支持。因此，在不完全竞争市场理论的框架下，农村金融理论就为如何正确处理政府、金融机构与新型农业经营主体间的关系提供了理论依据，对提高农村金融体系运行效率、缓解农业经营主体的供给型融资约束具有重要的借鉴价值。其次，有助于优化新型农业经营主体的金融服务体系。除政府过度干预、金融市场相对不完善外，不完全竞争市场同样能够阻碍农村金融发展。农村金融发展理论揭示了在不完全竞争市场下，提升金融政策调控效用、改善金融组织结构功能、增强金融市场发展动力、提升金融产品适配性以及提高金融技术创新力度，进而优化金融服务供给，需要政府、金融机构以及新型农业经营主体的共同参与。

四、产业链金融理论

产业链金融是指金融机构依托产业链、供应链核心企业，针对产业链的各个环节提供个性化金融服务，提供专属金融产品，为整个链条上每个企业提供综合解决方案的一种金融服务模式。农业产业链金融是农业供应链管理与金融融资服务相结合的新型融资方式，是把农业产业链上的参与者结合起来，使得农户、龙头企业和金融机构的整体利益相互联系，构成一个利益共同体，在相互担保的基础上，将金融资源有效配置到农业生产经营全过程，有效地促进农业发展的金融活动。作为一种创新的融资服务模式，农业产业链金融不仅能够满足生产者的融资需求，还可以有效地降低银行的放贷风险、解决融资主体融资难问题、提高农业生产效率。金融机构、融资者和龙头企业都可以通过农业产业链金融来实现共同合作，达到多方共赢的目的。同时，农业产业链金融，通过龙头企业对资金进行整合，可以激活农村资源要素，破解"三农"发展面临的金融服务薄弱的问题。农业产业链金融围绕核心企业，把农副产品采购、生产和销售放在一起，把产品供应方、销售方以及消费者连成一片，从而有力地推动乡村产业发展。

农业产业链供应链的核心企业主要是新型农业经营主体中的大型企业，发展农业产业链金融对于培育新型农业经营主体具有重要意义。首先，发展农业产业链金融，既有助于产业链中的中小企业借助核心企业体量和信用优势获取更有力的金融支持，增强上、下游中小企业与核心企业的黏性，又能吸引投资机构和社会资本进入乡村产业，拓宽新型农业经营主体融资渠道，为成长性高、前景广阔的中小企业提供金融支持，帮助其加快成长。其次，农业产业链金融能够使金融机构通过个性化金融服务，将中小型农业经营主体连接起来，实现产、供、销一体化，实现农产品价值增值。最后，发展农业产业链金融有利于金融机构为农业产业链上所有企业提供专属绿色金融产品，如绿色债券、绿色贷款等，加快农业发展方式绿色转型，促进农业可持续发展；有助于核心企业获取金融支持以拓展业务范围，建设配套设施，带动多产业同步发展，打造乡村发展新格局，助力实现乡村全面振兴。此外，农业产业链金融发展也会面临一些风险，应采取有效举措对农业产业链金融进行风险控制，注重发挥好先进信息技术在防范金融风险方面的作用。

五、普惠金融发展理论

普惠金融，也叫包容性金融，广义上是指金融体系为有金融需求的各阶层各群体提供成本可负担、商业可持续的金融服务，为之设计合适的金融产品，满足资金需求，使之均能平等、便利地享受到具备广泛性、优惠性且在商业上可持续的正规金融服务；而狭义上是指为那些非自愿被排斥在金融服务体系之外的弱势群体平等、便利地提供可持续的正规金融服务（梁伟森、程昆，2021）。普惠金融出现的原因是金融排斥抑制了受排斥群体获得金融服务的机会，并提高交易成本，进而阻碍了经济稳定发展。金融排斥即经济活动中的部分弱势群体受制于自身缺陷和金融体系等因素，无法获得正常的金融服务的现象（李建伟、于凤芹，2011）。只有那些非自愿被排斥的弱势群体，能够充分享受金融服务时，才是真正实现了普惠金融，而那些自愿被金融体系所排斥的群体并不是普惠金融服务的客体。普惠金融发展过程也是借助普惠金融交易规模扩大、效率提升、服务质量改善和产品创新，逐步消除金融排斥，优化金融结构，进而促进机会平等和资源分配均衡的过程。现阶段，中国普惠金融的重点关注对象主要是农村居民、小微企业、城镇低收入人群、老年人以及残疾人等非自愿被排斥在传统金融服务体系之外的弱势群体和特殊群体。

普惠金融理论对本书研究具有重要的理论意义。一方面，新型农业经营主体根植于农村，服务于农户和农业，其发展壮大有利于提高农户集约化、专业化、科学化水平，提升抵御自然灾害和市场波动风险的能力，增强小农户生产能力，提高小农户收入水平。普惠金融不仅有利于提高小农户的征信水平、降低金融机构的资金风险，还能够促使农户融资扩大生产，增强融资意愿，进而有利于消除金融排斥，提升金融发展水平，新型农业经营主体的金融服务也将得到改善。另一方面，新型农业经营主体的金融服务改善，在一定程度上意味着普惠金融发展水平提高，金融排斥得到消除，则小农户、小微农业企业融资约束缓解，有利于培育新型农业经营主体。此外，可以通过以下途径提高普惠金融发展水平：加强银行机构在推进普惠金融发展过程中的重要作用；完善金融基础设施，重点发展信用和支付领域的金融基础设施；树立与时俱进的普惠金融理念，加强对普惠金融的宣传，加强民众的金融常识的普及以及金融知识教育，消除自我排斥。

六、产业生命周期理论

产业生命周期理论从时间维度研究产业从诞生到衰落的整个过程，每个产业具体的生命周期内其企业数量、产品的竞争力以及对应的金融需求是动态变化的。一般而言，新产业的生命周期分为初创期、增长期、成熟期和衰退期。产业初创期特点在于：产品用户较少，产品的质量还有待提高、技术有待升级，同时竞争对手较少，销量提升缓慢，产能过剩，企业更加注重在广告和营销方面的投入占比，以期提高产品销量；倡导政府提供研发补贴、税收优惠等措施鼓励其发展以及制定相关知识产权保护政策保障创新者的权益。在产业增长期，大量新企业涌入，竞争逐渐激烈，产品销量有极大提升，但各家厂商产品的技术和性能差异较大，产品质量参差不齐，企业则注重研发创新费用的持续投入以及生产扩张资金的投入，以期提升和增强其市场占有率和竞争力。政府应该加强产业规范及其相关标准制定，促进相关产业的健康发展，加快相关产业所需的基础设施建设，改善其外部发展环境。而在成熟期，产品市场趋于饱和，众多缺乏竞争力的企业退出市场或者被巨头兼并，但市场竞争进一步加剧，可能引发价格战，此时企业重点在于把控产品成本以及采取更为有效的营销策略，从而保持其竞争力。此时，政府应该注重控制垄断，促进产业和行业的良性竞争。在衰退期，市场逐渐萎缩，行业中相关企业数量越来越少，政府应该引导产业的退出和转型。产业生命周期理论强调依据具体产业阶段特点和对应需求出发，给政府制定相关政策和金融机构提供相关金融服务提供了重要参考。

产业生命周期理论为优化新型农业经营主体金融服务体系指出了重要的方向：应依据具体农业产业不同阶段特点向其经营主体提供切实可行的金融服务。第一，在农业产业的初创期，金融机构和政府应积极搭建相关平台减少借贷双方的信息不对称。该阶段的相关经营主体不仅风险较高且潜在回报也高，金融机构提供的资金有限且条件苛刻，故应同时积极引进风险投资和天使投资。第二，在农业产业增长期，大量经营主体进入所带来的巨大资金需求主要由传统金融机构提供，金融机构应基于整个产业的前景并结合新型农业经营主体的普遍和重点需求特点推出相应的特色产品。第三，在农业产业的成熟期，产业或者行业发展较为成熟，相关新型农业经营主体可以通过发行债券等方式融资，金融机构应注重企业的现金流和偿债能力，提供一个相对稳定的金融环境。第四，在农业产业的衰退期，金融机构应逐渐收缩向新型农业经营主体提供的金融服务、减少信贷投放，以最大限度地控制金融风险。

七、金融创新理论

奥地利经济学家熊彼特把生产要素和生产条件进行全新的组合（即产生新的生产函数的过程）称为创新。这一思想直到20世纪80年代才逐渐受到金融领域的关注。金融创新的主要动因大致可分为需求动因、供给动因、规避管制动因和市场角度动因。需求动因是指随着经济的发展，产生了新的金融需求，金融主体为了满足新的需求对金融进行创新以获取更多利润。需求动因的金融创新主体为政府机构和金融机构，其中金融机构的需求预期创新获利大于成本，其便会通过创新获取利润。供给动因包括约束诱导型金融创新、交易成本金融创新和金融中介理论。约束诱导型金融创新是从供给出发研究外部约束造成的机会成本和创新动力的关系。交易成本金融创新将交易成本、货币需求和金融创新相联系，交易成本降低是金融创新的重要动力。金融中介理论强调金融自由化和金融深化对金融创新的鼓励作用。规避管制动因认为当规避金融监管可以使得金融机构获利时，金融机构出于逐利便会进行金融创新，从而得出金融管制与金融创新相互对抗的过程是导致金融创新的重要原因的结论。市场角度动因则是从市场结构和特点出发，认为金融机构的存在是由于市场存在不完全性，因而可以利用其获利。此外，Allen 和 Gale（1990，1991）建立了金融创新理论风险分担模型以优化证券设计和风险分担。创新是人类社会进步的重要体现，金融创新的部分目的是降低风险，但是事实上通常也伴随着金融风险的产生甚至是扩散。控制金融风险是为了更有效地承担风险、满足投资者偏好以及便利资金筹措，在保证金融风险监管的基础上，应依据新型农业经营主体具体产业特点鼓励金融机构进行金融创新。

金融创新理论对优化新型农业主体的金融服务具有多方面的参考意义。金融机构出于满足市场需求、提高竞争力和规避风险的目的，会持续不断地进行金融产品、服务和制度的创新——大体可以分为金融产品创新和金融过程创新。首先，在金融产品创新方面，针对新型农业经营主体特点和需求，开发个性化金融产品。例如设计与农业产品生产周期相匹配的信贷产品，减轻经营主体还款压力。此外，引入农业保险与信贷产品相结合的金融产品，提高新型农业经营主体信贷可得性。其次，在服务模式创新方面，利用信息技术搭建线上金融服务平台，向其提供更便捷的金融服务申请、审批和跟踪渠道，降低服务成本，提高服务效率。再次，机制创新应当得到重视。建立健全的风险分担机制，政府、金融机构和新型农业主体共同承担风险。鼓励金融机构向新型农业经营主体提供金融服务，同时完善适合新型农业经营主体的信用评价机制，如提供土地流转情况、农业生产技术水平、市场销售渠道等多维度信息，从而进行准确的信用评估。另外，金融机构也可以创新合作模式。应加强与新型农业经营主体的合作，甚至扩大到相关产业链上的企业，如农产品加工企业、销售企业等，形成一个利益共同体，共同为新型农业经营主体提供金融支持和综合服务。最后，在金融工具创新方面，积极探索利用资产证券化等手段，将新型农业经营主体的资产转化为可交易的金融产品，拓宽融资渠道。但值得注意的是，近年来，防范和化解重大金融风险越来越受到重视，金融机构在针对新型农业经营主体进行金融创新的同时，与此相关的金融监管也应抓紧。

第三节　经验借鉴

一、国外新型农业经营主体的金融服务实践

（一）美国新型农业经营主体的金融服务实践

美国在 20 世纪之前并没有针对农业领域而设置金融机构，农业发展所需资金主要来源于商业性金融机构。然而，伴随现代农业的不断发展，市场已不能满足农户所产生的金融服务需求，这使得美国对原有的农业金融服务体系进行变革。时至今日，美国的农业金融服务体系已经发展成熟，

整体以政府为主导，政策性金融机构、合作性金融机构和商业性金融机构在该体系中相互依存补充，充分满足农业金融需求。美国农业金融服务体系大致可以分为政策金融体系、合作金融体系、商业金融体系和农业保险体系。其中，政策金融体系的主要功能是为农业活动提供资金并且通过信贷活动来调节农业发展方向、贯彻农业政策以及控制农业发展规模。合作金融体系主要为农业提供合作金融支持。商业金融体系是由国家优惠政策所吸引的商业银行组成，为农场主提供咨询服务、专业农场管理、土地租赁以及房地产评估等中间业务。农业保险体系对农业发挥着法律支持、补贴支持、保险支持和税收支持等作用。美国通过这一农业金融服务体系满足了农业发展的金融需求，为农业的可持续发展奠定了基础。

美国农业金融服务体系经过了较长时间的发展，成效显著，对美国农业快速发展起到了不可磨灭的作用。作为以政府为主导的复合型信用模式，美国的农业金融服务体系具有以下特点：①该体系中有多种金融机构，这些金融机构凭借各自的优势为农业发展保驾护航。商业银行为农场主提供农业生产所需的短期贷款，联邦土地银行向农场主提供农业生产所需的长期贷款，联邦中间信贷银行会对农民直接开展贷款业务，政府农贷机构主要投资一些公益性的农业产业化项目。②该体系为美国农业提供了财政支持和法律保障。美国在农业信贷的发展初期，为农业金融服务机构提供了资金，促进了农业金融服务机构的发展。在法律方面，美国颁布了《农业信用法案》《联邦农业贷款法案》《联邦农作物保险法》等法律法规，完善了农业发展所需的法律保障体系，使得农业顺利发展，降低了行政干预和人为影响。③该体系通过科学的管理使农业融资更加便捷。除了商业银行，合作金融自成体系，并不隶属于联邦储备系统，但会受到农业信贷管理局的监督和管理。有效的监督与管理，杜绝了资源浪费，提高了金融服务效率。

（二）日本新型农业经营主体的金融服务实践

日本是一个岛国，其国土面积较小，但其人口数量很大，导致用于居住的土地面积较广，再加上工业化生产所需的土地，所以用于农业生产的土地较少。然而日本却凭借极少面积的农业土地取得了较好的农业生产成果，这不得不归功于农业金融服务体系的良好运转。在19世纪后期，日本就产生了许多自主性农业金融组织，而后经过长时间的发展以及政府的支持，形成了对农业发展较为有效的金融系统。日本的农业金融体系主要分为合作金融机构、政府金融机构和其他金融机构：①日本合作金融机构包括农业协同组织、信用农业协同组织和农林中央金库。农业协同组织以农业为主，服务主体为农业生产者，其深入基层吸收会员，不以营利为目的，为组织成员办理存款、贷款、支付结算和农业保险等业务。信用农业协同组织属于日本农业金融的中间部分，其通过为农业协会提供投融资服务来扶持农业发展。农林中央金库对于农业大型企业进行扶持。②政府金融机构主要是农林渔业金融公库，其以政府为主导，不以营利为目的，为农林中央金库和其他农业金融机构提供资金支持，同时也对农业基础设施建设进行投资。农林渔业金融公库的资金主要来源于政府，其有效弥补了农协金融系统和商业银行贷款难以满足农业发展金融需求的缺陷。③日本农村金融体系的其他金融机构主要是农业信用保证和保险制度。由于这些保障措施的存在，日本农业没有了后顾之忧，可以全身心投入生产发展。

日本农业金融体系具有政府支持力度强和组织结构严密两大特点：①在发展农业生产的过程中，日本政府深刻认识到金融服务对于农业发展的重要性。因为农业本身的发展很脆弱，极易受到天气等因素的影响，抵御风险的能力较弱，所以金融服务的保驾护航十分重要。日本政府为了规避农业发展风险、充分保护农民利益，大量注资农业金融机构，还推出一系列优惠政策来促进金融机构发展。但日本政府不直接参与农业金融机构经营，让机构保留自主经营权。日本政府还利用自身发达的金融市场来扶持农业金融发展。②日本各大农业金融组织不存在隶属关系，独立自主经营。各大金融组织根据自身的优势和服务宗旨将市场进行有效划分，避免了竞争和浪费金融资源，为农业发展提供了充分的金融支持。这些金融组织之间虽然不存在隶属关系，但上级组织会在下级组织出现资金需求时进行帮助。同时，这些金融组织还有着民主监督和管理机制，避免了金融腐败和不作为，为各类农村金融组织的良好发展提供了充足的支持。

（三）法国新型农业经营主体的金融服务实践

法国政府十分重视自身农业发展，经过长时间的探索，最终设立了一系列金融组织和机构，出台了许多有效的财税补贴政策。这些措施的实施使法国成为欧洲最大的农副产品出口国，保障了农业健康发展。法国的农业金融机构都是政府所有或者受政府控制，其中，法国政府对法国农业信贷银行给予了大量补贴和税收支持，使得法国农业信贷银行的业务范围日益拓展，法国农业信贷银行由此跨入世界头部商业银行之列。法国农业信用合作金融体系自上而下分为 3 个层级：①国家农业信贷银行是法国农业金融体系的最高层级，主管部门为财政部和农业部，是法国农业金融业体系中的最高行政机关，其通过集中和管理各省级银行剩余资金、负责各省级银行之间的票据清算来对农业金融体系进行协调和管理；②省级农业信贷互助银行是法国农业金融体系的第二层级，负责协调地方基层银行的金融业务和管理总行提供的信贷资金；③地方农业信贷互助银行是法国农业金融体系中的第三层级，是最能集中体现法国农业合作金融体系特点的机构，它是由个人成员和集体成员入股组成的基层组织，直接负责农业产业中的合作信贷业务，具有很大的自主经营权。法国政府对农业保险体系的发展也十分重视，对其提供了大量的补贴，且补贴资金能够占到所有农业保费的一半以上。法国政府还出台了一系列针对农业保险体系的税收优惠政策，保证了农业保险体系良好运作和发展。

法国农业金融服务体系具有以下几个特点：①在该体系中，国家农业信贷银行和全国农业信贷联合会统管和协调农业金融业务，使农业金融服务体系能够更有效率地运作和发展，避免了资源浪费和无效竞争。②法国农业信贷银行采用上级国营下级民办相结合的体制，基层筹集资金，总行负责管理运营，有效发挥了整体支农作用，促进了农业经济繁荣发展。③法国农业信贷银行省级以下的银行属于互助合作性质，农民向农业银行贷款需要交纳会费。法国农业信贷银行因为其合作性质，拉近了与农民之间的距离，能够听到农民真实的心声，有利于更好地扶持农业和提高效益。④法国农业信贷银行的经营性业务和政策性贷款是兼营的；政策性贷款主要来源于政府补贴。这种具有两种性质的农村金融业务既简化了复杂的农业金融机构管理，又提高了经营效率和业务盈利水平，大大提高了财政收入。⑤法国的农业金融体系是自上而下的，使政府制定的农业金融政策能够得到较好落实。总体来看，法国的金融体系是一个以农业发展为前提、以促进农业经济繁荣为目的的一个金融机构整体。⑥法国农业信贷银行总行与地区行之间的资金核算独立，各自负担亏损和分配利益，但总行也会对亏损的地区行以低息贷款的方式给予帮助，这样可以提高地区行的业务积极性，避免地区行对总行的依赖和拖累。

（四）德国新型农业经营主体的金融服务实践

德国长期致力于推进农业结构改善和农业现代化，这令其农业劳动生产力大幅提升、农业规模快速扩大，而在这一过程中，德国的农业金融体系发挥了关键作用。目前，德国的农业金融体系以合作金融为主导，而其他金融机构在其中充当辅助角色。具体来看，德国农业金融体系大致由农业合作金融体系、政策性金融体系和农业信用合作联盟构成。首先，农业合作金融体系有着金字塔形结构，可分为三个层级：①最基层的为农业信用合作社，该类机构具有独立的法人资格，由农户、农场主、社会团体以及金融机构雇员等合作社成员集资操办，其业务范围包括农业信贷和信用合作等。②中间层由地区性的合作银行组成，包括德西、德南和斯图加特这三家中心合作银行。这一层级虽然也开办农业信贷业务，但其主要职能是为基层农业信用合作社提供存放闲置资金、资金支付与结算服务以及充当基层农业信用合作社融通资金的中介等。③最高层为中央合作银行，其作为德国合作农业金融组织的中央协调机构，主要服务于地区合作银行和整个德国的农业信用合作体系。它除了向地区合作银行提供全国性的资金调剂融通服务和资金支付结算服务外，还为基层农业信用合作社提供员工培训和多种信息服务。其次，政策性金融体系是德国农业金融体系的另一个重要组成部分，其成员包括德国农业抵押银行、德国复兴信贷银行和德国北莱茵-威斯特法伦州银行等。其中，德国农业抵押银行为该体系的主要代表，该机构将农业土地税作为资金来源，并在德国政府提供的信用担保下享受税收减免优惠。这类政策性银行是合作金融的有效补充，它们多属于再融资性质，虽然也提供农业信贷服务，但一般不直接发放贷款，而是以其他银行为桥梁间接地向农户提供长期信贷。最后，农业信用合作联盟作为一个行业自律组织存在于德国的农业金融体系中，它的主要职能是为联盟会员提供信息服务、宣传服务以及协调合作银行与政府各部门的关系等。

德国农业金融体系的特点可概括为以下几个方面：①在德国的农业金融体系中，专门从事农业金融业务的商业银行比较少，而合作银行、信用合作社是最重要的农业信贷供给来源，约60%的农业信贷资金是由这两类机构提供的。②就德国农业合作金融体系而言，虽然它被分为三个层级，但实际上这三个层级并不属于上下隶属关系，其中每一层均为独立法人的经济实体。并且，三个层级自下而上依次持股，即基层农业信用合作社持有地区合作银行的股份，而地区合作银行又是中央合作银行的股份持有者。这样既可以确保各个层级具有一定的独立性，又可以发挥联合作用，形成经济上的利益共同体，协同推进农业事业发展。③德国农业金融体系中各金融机构和合作组织会主动适应农户的差异化需求，并根据农户的实际情况，在其购置农机具等农业生产资料时给予低息贷款补助，能够充分加大金融体系对农业发展的扶持力度。同时，这些机构和组织为推进德国农业的机械化、信息化以及农业技术的开发利用提供长期且稳定的资金支持，致力于加快农业现代化进程。④德国农业金融体系具有明确的职责分工制度，具体来看，德国农业合作金融体系主要负责为农户提供短期贷款支持。政策性金融体系作为政府部门推行农业政策的工具，主要负责满足农户的长期贷款需求。⑤德国农业金融体系的服务覆盖范围较为广泛。就该体系为农户提供的利息补助而言，其补助范围不仅涵盖种植业、农产品加工业、农业生产资料购置、水利设施建设和土地改良等基本项目，还进一步拓展至农业结构调整、生态农业、环境保护以及农庄旅游服务等新型贷款项目，这在很大程度上提升了农户的信贷可得性。⑥德国农业金融体系十分重视风险防范，其中，合作农业金融体系还设立了专项贷款担保基金，该基金由合作银行根据风险资产的具体金额，按一定比例存入，并为风险补偿负责，可以有效提升农业金融体系自身的稳健性。⑦德国农业金融体系以强大的法律保障为后盾。德国颁布的《德意志农业地产抵押银行法》《农业中央银行法》《佃农信用法》《德国担保法》等一系列法律法规为刺激农业领域的投资和确保农业金融体系运行稳定提供了强有力的支撑。

二、国内新型农业经营主体的金融服务实践

（一）山东新型农业经营主体的金融服务实践

山东作为农业大省和农业强省，农业经济在山东经济结构中占据着非常重要的地位。近年来，山东省出台了一系列支持新型农业经营主体发展的政策措施，不仅推动了新型农业经营主体的培育壮大，同时也带动了农业经营方式的不断转变和农业经济的繁荣发展。截至 2023 年底，山东省累计培育家庭农场 13.1 万家，农民专业合作社 23.1 万户，农业产业化省级以上重点龙头企业 1 257 家。

山东省对于如何实现金融有效支持新型农业经营主体很重视，努力在这一方面进行了创新和探索，并且采取了一系列有效措施：①山东省各大银行推行了"主办行"制度，为新型农业经营主体提供精准细化的金融服务，加快推进现代农业转型升级。人民银行济南分行为了能够有效及时了解新型农业经营主体的发展情况，建立了"金融支持情况数据库"，以"主办行"定点支持的新型农业经营主体为主要监测对象，对他们的生产经营情况定期进行监测分析。通过检测情况，为他们提供及时正确的指导，确保他们生产经营顺利。②山东省的相关涉农金融机构也十分重视新型农业经营主体的发展，这些金融机构根据自身的特点，采取了相关措施来保证了"主办行"制度的顺利实施。"产业化龙头企业+家庭农场"是农业发展银行山东省分行采取的用来支持新型农业经营主体发展壮大的农业发展模式。农业银行山东省分行对每个县的支行下达了支持新型农业经营主体发展的措施要求，确立了每个支行需要支持的家庭农场的最低数量，要求各支行将家庭农场的贷款需求提升到优先层次，上级银行按一定比例分担下级银行家庭农场的贷款金额，并将专业大户、家庭农场的贷款金额纳入考核标准。邮政储蓄银行山东省分行推行了"农民专业合作社贷款"和"家庭农场（种养大户）贷款"等金融业务，极大地降低了新型农业经营主体的贷款成本。省农联社对各法人机构下达了帮扶新型农业经营主体的具体要求，将所帮扶对象的发展情况作为加分项纳入指标考核。③山东省不断提高相关涉农金融机构支持新型农业经营主体的主动性。这些涉农金融机构积极实行"主办行"制度，对各自的试点新型农业经营主体进行追踪观测，及时了解新型农业经营主体的发展情况和所遇问题，力所能及为其提供金融支持。农业发展银行各分支行对新型农业经营主体的信用评级进行支持并为其开通绿色通道简化他们的贷款流程。农业银行各分支行通过详细调查，充分了解新型农业经营主体的实际需求，再结合相关优惠扶持政策，改进金融服务，研发新型金融产品。

（二）河南新型农业经营主体的金融服务实践

河南省对于新型农业经营主体的扶持力度颇大，采取了一系列金融措施来促进新型农业经营主体的健康发展。截至2023年底，河南省农民专业合作社和家庭农场数量分别达到6.6万个和19.6万个，同比分别增长2.3%和39.0%；农业企业数量达到2.5万个，同比增加614个。在政府的金融支持下，河南省的新型农业经营主体在技术创新、品牌建设、市场开拓等方面锐意进取，促进了河南省农业现代化建设。

河南省为了支持新型农业经营主体的发展，采取了以下金融措施：①河南省政府推行了"政银担保投"机制，加大对新型农业经营主体的金融资源扶持，鼓励各个金融机构在金融服务产品、贷款流程、贷款制度等方面进行创新，要求相关金融机构在贷款审批和管理制度等方面进行完善，以求达到简化金融服务和布局县域金融服务网点的目的。②河南省构建了农业信贷担保体系，简化了银行担保合作流程，使得担保贷款的运作效率提升、贷款利率下降，全面风险防控机制也得以建立，保障了金融服务的正常运作。③河南省实行了土地经营权抵押贷款政策，确保土地流转和土地确权工作规范进行，可以将土地经营权作为抵押物进行贷款，开辟了新型农业经营主体的融资路径，降低了新型农业经营主体的融资利率。④河南省组建了中原农业保险股份有限公司，成立了农业保险气象服务联合实验室，推出了一系列农作物保险，降低了新型农业经营主体的发展风险。⑤河南省政府为了鼓励和支持新型农业经营主体积极参保，推出了一系列参保补贴政策，充分调动了新型农业经营主体的参保积极性，降低了他们的生产经营风险。⑥河南省政府与保险部门进行合作，推出了新型保险业务。农业保险机构与贫困县政府直接对接，根据县农业发展情况量身定做保险业务，充分发挥保险规避风险的作用。⑦河南省政府对于新型农业经营主体的直接补贴不断增加，补贴的金额不断加大，补贴的种类不断增多。在经营项目审批方面，政府通过审批流程简化和项目资金扶持来调动经营项目申报积极性。在农产品技术扶持方面，政府加大对农业技术的资金补贴力度，鼓励农业技术创新发展。同时，河南省政府对财政补贴机制进行了改革，加大了农业补贴力度，为了保护耕地和防止农业经营规模过大，将农资补贴存量资金、种粮直补资金等用来进行相关建设。此外，河南省政府还对农机具种类和范围进行细化，设立重点补贴目标，使得购置补贴资金得到有效利用。

（三）四川新型农业经营主体的金融服务实践

近年来，四川省政府对新型农业经营主体的金融扶持力度较大，各地区政府结合现代农业的建设要求和新型农业经营主体的发展现状，在农业金融业务方面不断进行探索和创新，不仅拓展了抵（质）押品范围和融资渠道，还引进了互联网金融。在强有力的金融支持下，四川省新型农业经营主体发展迅速，截至 2023 年底，全省家庭农场达到 22.6 万个，农民合作社已经突破 10 万个。

四川省在金融支持新型农业经营主体方面形成了以下几种主要创新模式：①信用贷款融资模式和联保贷款融资模式。信用贷款融资模式是金融机构对提交贷款申请的新型农业经营主体进行信用评级，信用评级高和发展良好的将会拿到贷款，这种措施较好地满足了部分农民的融资需求。联保贷款融资模式下，3~5个同等条件的农户自愿组成一联合体，成员之间互为担保人，承担连带保证责任。②担保融资模式。担保融资模式分为农民专业合作社融资模式、龙头企业担保融资模式、产业链担保融资模式和政策性农业担保融资模式。农民专业合作社融资模式是以合作社为经营主体进行贷款，采用信贷批量化发放贷款的形式。龙头企业担保融资模式是由与农户有紧密生产销售关系的龙头企业为担保，对订单农户发放贷款的形式，这一模式有效解决了单个农户缺乏担保、贷款金额小、成本高、手续复杂等问题。产业链担保融资模式是龙头企业公司在内部设立农业融资担保有限公司，主要为产业链相关群体提供融资担保服务的一种形式。政策性农业担保融资模式下政府出资成立农业担保公司，农业担保公司作为农村金融机构和新型农业经营主体的中间机构，起担保作用，这种模式解决了新型农业经营主体缺乏担保而无法获得资金的难题。③互联网金融产品融资模式。互联网金融产品融资模式是指以互联网为平台，采用移动化、云计算、大数据等新技术，为新型农业经营主体提供便捷的金融服务。④抵押融资模式。抵押融资模式分为林权抵押融资模式、农村土地经营权抵押融资模式和农产品质押融资模式。林权抵押融资模式是指以森林、树木的所有权以及土地的使用权为抵押物向金融机构申请贷款，这一模式使得新型农业经营主体的森林资源变成可以进行抵押变现的资产。农村土地经营权抵押融资模式是在不改变土地所有权、承包权、使用权和土地用途的基础上，将农村土地经营权及地上附着物作为抵押物向金融机构申请贷款的业务模式。农产品质押融资模式是新型农业经营主体以自有的农产品为抵押物向金融机构申请贷款的业务模式，这种模式可以较好地满足新型农业经营主体的短期资金需求。

（四）吉林新型农业经营主体的金融服务实践

吉林素有"黑土地之乡"之称，是中国的农业大省和粮食主产区。近年来，吉林省多措并举推进农业现代化，省内各金融机构持续深耕农业金融业务创新和乡村振兴金融服务，致力于增强新型农业经营主体的发展能力和经营活力。截至2023年底，吉林省累计培育家庭农场9.8万家、农民合作社8.1万家，其中，县级以上示范家庭农场和示范农民合作社分别达到5 730家与5 557家。

为扶持新型农业经营主体发展，吉林省进行了一系列关于"金融支农"的探索：①根据实际需求和体系优势为新型农业经营主体定制专属信贷产品并增加信贷供给。吉林省农村信用合作社在摸排农户资金需求后，开发出"吉农云"涉农产品体系以及"红领贷"等专属信贷产品。这些产品服务于不同领域，为省内新型农业经营主体提供优惠利率，较好地满足了各类新型农业经营主体的差异化融资需求。吉林省农业农村厅、邮政集团吉林省分公司与邮政储蓄银行吉林省分行三方携手推出"双千工程"，在强化涉农资金整合的同时，充分利用邮政集团和邮政储蓄银行点多面广的体系优势，将信贷资金滴灌于"三农"领域，推动农村金融信贷投入加大，增强对新型农业经营主体的融资保障。②搭建新型农业经营主体信用评价管理平台，提高信贷资金供给的准确性。为破解缺信息、缺信用、低效率等难题，吉林省搭建了新型农业经营主体信用评价管理平台。该平台归集了各类新型农业经营主体的信用评价等级信息，在把这些信息提供给相关金融机构之后，可逐步形成金融机构贷款"白名单"，而这将进一步成为新型农业经营主体授信的参考依据。这一做法大幅减少了新型农业经营主体与金融机构间的信息不对称，除了能够降低金融机构的信贷风险外，还可提升信贷投放效率和准确性，使信用等级较高的优质新型农业经营主体更容易获取足额的贷款支持。③加大政策性保险支持力度，强化风险抵抗能力。吉林省鼓励新型农业经营主体投保政策性农业保险，在将玉米、水稻等的完全成本保险实施范围扩展至全部产粮大县的基础上，降低这些农业作物的保险费率并提高保险金额。由于农业保险的支持，新型农业经营主体的经营积极性得到大幅提升，且其风险承担能力将由此增强，能够有效缓解新型农业经营主体的经营压力。④创新担保模式，突破抵押、质押局限。对于符合条件的新型农业经营主体，吉林省给予其一定的政策性担保费率优惠和担保贷款贴息补助，减轻了这类主体的融资压力。同时，吉林省还支持新型农业经营主体将注册登记的养殖圈舍、农业商标和保单等依法合规抵（质）押融资，丰富了新型农业经营主体的融资手段。

三、国内外新型农业经营主体金融服务的经验总结与启示

新型农业经营主体的迅速发展，带来了农业经济的繁荣，而金融服务是新型农业经营主体发展的重要支撑和保障。国外部分国家扶持农业所建立的金融体系和国内部分省份支持新型农业经营主体所采取的措施都取得

了良好成效，我们由此得出以下几条经验启示：

第一，新型农业经营主体发展需要发达、健全的农村金融体系。从国外发达国家金融支持农业发展的经验来看，发达、健全的农村金融体系需要农村合作金融体系、农村政策性金融体系和农业保险体系三大体系共同构成。他们之间存在互为补充的关系，全面满足农业发展资金需求，共同促进农业经济繁荣发展。政策性金融作为政府协调农业发展的重要手段，需要合作金融和农业保险等方面的配合。合作金融不同于商业银行等其他金融机构，其为社员所有，最为了解社员的真实需求，合作金融的健康发展是农业政策性金融发展的前提和保证。由于农业经营受天气、季节等因素影响，经营风险较大，且盈利水平偏低，所以单纯依靠商业银行来满足新型农业经营主体的资金需求是不切实际的。发达、健康的金融支持体系需要政府的大力支持，需要对涉农金融机构进行大量补贴、提供税收优惠政策，鼓励涉农金融机构为新型农业经营主体提供贷款。政府的大力支持会使得涉农金融机构的抗风险能力加强，提供农业金融服务的积极性提高，有利于发达、健全的农村金融体系的建立和发展。

第二，新型农业经营主体的发展需要健全的财政税收政策。政府应该将分散的资金统筹起来，使用部分资金来协调农业金融资源配置，发挥财政资金的引导作用，规避资金浪费，通过建立结构化的税收政策来扶持涉农金融服务发展。健全财政税收政策可以采取以下措施：①省政府和县政府一起出资设立农业贷款风险补偿基金。政府通过补偿金融机构因向新型农业经营主体投放贷款所产生的部分损失，提高涉农金融机构的积极性，保证涉农金融机构的健康运作。②政府可以将新型农业经营主体的贷款纳入财政税收减免范围，通过在营业税等方面给予一定的税收减免来鼓励金融机构增加对新型农业经营主体贷款的投放力度，有效解决新型农业经营主体的资金短缺问题。③政府还可以增加对新型农业经营主体农业保险的资金补贴。政府的农业保险补贴可以使新型农业经营主体加大对保险的投入，提高他们的抗风险能力，保障新型农业经营主体的健康发展。建立差异化补贴政策，根据新型农业经营主体的具体发展情况进行差异化补贴，达到正向激励效果，促进新型农业经营主体规范化经营。④政府还需要健全财政性现代农业信贷担保体系。由于新型农业经营主体的贷款金额少，抵押物不足，很难从金融机构获得贷款，这就需要政府建立担保体系来为他们进行担保，使新型农业经营主体能够便捷地获得所需资金。

第三，新型农业经营主体需要完善的农村政策配套体系。完善农村产权交易及抵押登记等配套措施有利于农村金融服务的发展和创新。因此，政府需要重视这一方面，为新型农业经营主体的资金获取创造条件。完善农村政策配套体系可以采取以下措施：①加快农村产权交易市场建设。农村的产权确认、登记、评估和流转制度还不完善，这制约了新型农业经营主体的发展，政府需要加强这一制度建设，使相关部门明确自身职责，不可出现"踢皮球"现象，出问题要追责。政府要通过制定相关政策制度和技术规范来加快农村土地确权、登记、评估和流转。②扩大农村抵（质）押融资范围，拓宽新型农业经营主体的融资路径。政府制定相关的规章和制度，将更多的农村产权依据价值存在形式和交易难度纳入抵（质）押担保范围。这些措施不仅可以使新型农业经营主体的融资渠道扩大，还可以加快涉农金融机构的金融业务发展，有利于金融更好地服务农业发展。③规范新型农业经营管理行为。政府通过制定政策对新型农业经营主体的经营进行引导，避免新型农业经营主体畸形发展。政府还可以设立相关的指导学习机构，对新型农业经营主体的经营和发展提供指导性意见；新型农业经营主体之间也可以相互学习交流，以求达到新型农业经营主体良好运转的目的。

第四，新型农业经营主体需要顺应时代发展趋势，借助互联网金融来实现自身快速发展。互联网金融的发展十分迅猛，如今已经在金融行业中占据重要地位，拥有大量的金融资源。然而由于缺乏有效的监督管理机制以致近些年来的负面消息较多，给很多人留下了互联网金融不靠谱的印象。因此很多新型农业经营主体对互联网金融一直持有怀疑态度，在资金短缺时很少考虑求助于互联网金融。但是互联网金融具有传统金融机构无法比拟的优势，其流程简单，审核门槛低，放款迅速，利率低，对于新型农业经营主体的发展有很强的推动作用。政府可以对互联网金融机构进行审核筛选，挑出合适的金融机构并与其合作，通过税收优惠政策来吸引他们对新型农业经营主体提供金融服务。政府将筛选出的资质信用无问题的金融机构推荐给新型农业经营主体，以政府的信用来打消新型农业经营主体对互联网金融的顾虑。对于那些不熟悉互联网金融贷款流程的新型农业经营主体，政府还需要提供相应的宣传和指导。政府还可以通过相应的补贴来引导互联网金融机构在农业金融服务方面进行创新，充分发挥互联网金融的积极作用。政府充当互联网金融与新型农业经营主体之间的媒介，牵线搭桥，让互联网金融补充其他涉农金融机构无法覆盖的方面。

第四节　本章小结

本章首先科学界定了乡村振兴、新型农业经营主体与金融服务体系的概念内涵，在此基础上，从农业规模经济理论、农业产业组织理论、农村金融发展理论、产业链金融理论和普惠金融理论等方面系统梳理了新型农业经营主体与金融服务体系优化的理论基础，最后，全面归纳总结了美国、日本、法国等发达国家和国内山东、河南、四川等农业大省新型农业经营主体金融服务的实践经验以及对贵州新型农业经营主体培育的金融服务体系优化的借鉴与启示。

第三章 乡村振兴战略与新型农业经营主体金融服务的关系研究

新型农业经营主体是新时代促进农村高质量发展、推动农业转型升级、保障农民稳定增收的一批生力军，是实施乡村振兴战略、实现中国农业现代化目标的重要载体。而培育壮大新型农业经营主体亟须加快发展面向新型农业经营主体的金融服务，为带动传统小农户现代化发展、赋能农业农村高质量发展、实现农业产业兴旺以及全面推进乡村振兴注入金融"活水"。因此，探究乡村振兴战略与新型农业经营主体金融服务之间的逻辑关系和系统耦合机制，对实施好乡村振兴战略、实现农业农村现代化、解决"三农"问题等具有重要意义。

第一节 乡村振兴战略与新型农业经营主体金融服务的逻辑关系分析

一、产业兴旺是实现乡村振兴战略的根本途径

在乡村振兴战略的二十字总体要求中，"产业兴旺"位居首位，其重要程度可见一斑。产业兴旺是乡村振兴战略的基石，也是实现农民增收、农业增效以及农村繁荣的重要保障。中国是一个人口大国，也是一个农业大国，农业兴旺和粮食安全在经济发展中占据着不可动摇的基础地位。产业兴旺作为乡村全面振兴的工作重点，必定以农业振兴为支撑，通过政府引导、企业主导以及农户参与的方式，整合优质农产品资源，发展农产品精深加工以及开发特色产品，将三产融合发展作为农村经济结构调整和农民持续增收的新引擎和新动能，不断提升农业价值，深入推进乡村振兴战

略的实施。同时，产业兴旺以其结构多样化、资源综合化和产业协同化的特性贯穿乡村振兴战略各环节和各阶段的始终。农民懂得"东方不亮西方亮"的道理，农业结构的多样化能够极大地减少自然风险与市场风险，在为农村经济增添活力的同时，也能够增强农民对生产的信心；农业技术资源在不同产业间的综合应用，提高了资源配置的合理性，不仅有助于农民实现稳定增收，满足资源节约型社会的本质要求，同时也有利于加快延伸农业产业链条；乡村三次产业之间的协调耦合发展，使得土壤、劳动力、技术、资本等农业产业要素形成动态循环的和谐统一整体，推动技术扩散与混合经营，进而有助于创新农业生产组织模式和提升农业劳动生产率。综上可以看出，产业兴旺的理念内涵毋庸置疑为乡村振兴战略提供了基础保障。

2020 年中国脱贫攻坚取得决定性胜利之后，无论是作为战略方针的必然要求，还是对于农民百姓的迫切需要，在全面推进乡村振兴这一工作重心上，产业兴旺的重要性都体现得淋漓尽致。产业兴旺赋予乡村经济以动力和活力源泉，促进各产业协调融合发展，助力全面推进乡村振兴事业（蔡畅、姚晓峰，2022）。只有促进产业振兴，坚持农业农村优先发展，实现农业农村现代化目标，才能为进一步落实好乡村振兴战略奠定基础。与此同时，乡村产业兴旺得到了保证，乡村振兴战略就有了扎实的立足点，从而有助于实现自身效用的最大化，反过来促进农业农村现代化目标的顺利实现。由此可见，唯有实现乡村产业兴旺，才能从根本上推动乡村全面振兴。中国是一个农业大国，农民自始至终都是国家的中流砥柱，其就业问题关乎整个国家的经济发展和社会稳定。然而从当前情况来看，农民的就业转型仍处于瓶颈期，"三农"问题极大地阻碍了乡村振兴战略进程。一方面，由于存在城乡收入的差异，大量农村剩余劳动力乃至必要劳动力流向城镇，造成现代农业主体缺失，而多元化的农业科研和技术推广体系已不足以弥补技术资源薄弱和人力资源匮乏的弊端，严重阻碍了农村产业结构的优化升级和农业现代化发展建设。另一方面，农民就业转型问题引发的农村人口老龄化、城乡教育资源分布不均以及农村基础设施不完善等现状，导致农村经济发展严重脱离社会发展轨道。而产业振兴作为乡村经济稳步发展的加速器，有助于促进农民的就业转型，从而更好地适应工业化、现代化以及信息化的发展要求。

随着乡村振兴战略的全面部署与推进实施，农村三次产业之间的融合发展已经成为实现乡村产业兴旺和推动农村经济高质量发展的重要抓手。产业融合是产业兴旺的出路，产业兴旺是乡村振兴的根基，因此，产业融合与乡村振兴之间存在着内在统一的逻辑关系。首先，产业融合以其自身特点，通过一、二、三产业之间的交叉渗透，不断地将农业生产加工与服务业有机融合，推动产业"接二连三"协调发展。而这种产业结构优化还可以通过多种渠道加快农村资源的重组整合，实现农业生产要素的优化配置，促进产业结构的调整升级，推动农村经济增长动力重塑与发展方式转变，进而加快农业农村现代化进程。产业兴旺旨在有效激发乡村产业发展活力，而实现三产融合发展不仅有利于促进当地农民和本地产业发展的有机结合，增加农民就业机会，从而拓宽农民增收致富渠道，同时，产业的延伸与融合，还能为农业领域的创新发展注入源头活水，催生农村新产业、新业态和新模式。其次，产业兴旺从粮食安全、农民增收、技术创新、人力资本和生态环保等多个方面保障了全面推进乡村振兴战略的新动能，为实现乡村的全面振兴夯实了经济基础。最后，三产融合发展带来的农业竞争力提升和产业附加值增加，最终会形成供应链、价值链和产业链的"三链"闭环和"三链"协同，有利于推动实现农业农村现代化和城乡融合发展。同时，乡村振兴战略的实施又重新审视和丰富了乡村价值，加快城乡要素资源的双向流动，从根本上推动实现"农业强、农村美、农民富"，促进城乡融合发展。

二、培育新型农业经营主体是实现产业兴旺的主要动力

随着中国农村经济的不断发展，中国从传统农户经营向新型农业经营主体发展的态势逐渐明朗，以规模化、专业化和集约化为主要生产特征的新型农业经营主体已成为中国现代农业发展的先锋力量。以培育新型农业经营主体为依托推进农业产业"接二连三"融合式发展，是实现乡村产业振兴和推动农村经济高质量发展的重要途径（宋二行，2020）。作为农业生产的先进组织、农村产业融合的带动者，新型农业经营主体通过找准结合点巧妙衔接普通农户，并与之形成有效的组织方式和长效的利益联结机制，为实现产业兴旺注入长效持久的群体动力，助推产业融合、快速发展。具体来说，有能力的种养大户、家庭农场、农业合作社可以以农产品为基础从事精深加工、开发新产品和建立农产品品牌等经营活动，并探索挖掘农业的观光休闲以及教育等多重功能。龙头企业可利用自身资金与技术资源，扩大生产范围，与普通农户联合实现农业产业链的延伸和新型业务的开发，通过形成农工商一体化的组织架构实现产业的融合发展。此外，新型农业经营主体能依托其信息化特征，充分利用互联网等信息技术手段来捕捉市场信息并快速做出反应，通过灵活安排组织生产，避免盲目生产引发的农产品价格下跌、销售困难等问题；凭借其规模化特征，在进一步延伸产业链、不断提高农产品的生产率和附加值的同时，还能有效借助电商环境实现农民增收；依靠其低风险特征，运用多样化、专业化和组织化手段来应对风云变幻的市场环境和生产经营风险，从而确保农业可持续健康发展，加快农业现代化进程。因此，新型农业经营主体与普通小农户之间的协同发展能够为农村产业融合和乡村产业振兴提供有效的平台。

培育壮大新型农业经营主体是促进农业农村现代化、加快构建现代农业产业体系、增强农村经济发展活力的前进方向和必由之路。这不仅是打破"地多人少"僵局、赋能农业农村高质量发展的迫切需要，更是带动小农户现代化发展、实现农村产业振兴的迫切需要。首先，随着"四化同步"发展战略的实施，农村劳动力大量流失，土地抛荒面积逐年增大，"地多人少"问题凸显。而新型农业经营主体在农业农村现代化进程中发挥着引领和示范作用，只有培育一大批爱农业、懂技术、善经营的新型农业经营主体，才能够切实提高农业农村现代化水平，有效打破"地多人少"的僵局。其次，加快培育新型农业经营主体是赋能农业农村高质量发展的关键。由于对市场环境的高敏感性以及对新产品、新技术的高利用率，新型农业经营主体在从事绿色化生产、集约化经营方面具有得天独厚的比较优势，成为有效推动农业农村现代化进程的催化剂。再次，国家和地方政府大力支持新型农业经营主体与普通小农户之间形成实质性的利益联结，有效增强了对小农户现代化发展的带动能力，同时还加大了对发展潜力大的新型农业经营主体的培育力度，在统筹兼顾扶持小农户和培育发展新型农业经营主体的基础上，走出一条"大国小农"的现代化农业发展之路。最后，培育壮大新型农业经营主体是实现产业兴旺的重要保障，故应通过不同新型农业经营主体之间分工合作举办融合类项目，带动广大小农户，吸引人才服务于农业和农村，积极优化农业资源要素配置，孵化出新产业新业态，推动农业农村高质量发展。

新型农业经营主体相对于传统农户，拥有适度规模的专业化生产、集约化经营和较高的市场化程度等比较优势，因此在推动农村三产融合过程中具有更为重要的作用。这主要体现在以下几个方面：首先，小农户生产要素的零碎化使得农村产业发展始终停留在小规模、小范围阶段，而在适度规模的专业化生产之下，新型农业经营主体可以通过专门化的农业生产手段对农业各生产要素进行充分的整合、重组和优化，实现对各种生产资源的充分利用，获得规模经济效益，打破农业发展规模限制，有利于农业生产效率提升与规模效应扩大，为农业产业化发展提供机械化与现代化的条件，带动农业产业形成；其次，集约化经营使得新型农业经营主体在农业机械设备、农业资源技术和农业生产素养等方面相比传统小农户更具比较优势，能够更好地实现农业要素资源的优化配置，破除农产品行业进入的必要资本量、产品差异化和经营成本壁垒，进而提高农业生产的劳动生产率和土地产出率，增强行业竞争优势；最后，高市场化程度赋予了新型农业经营主体高商品化率和高经济效益的双重优势特征，通过实现与市场的有效对接，及时接收市场信息并快速做出产业规划调整，打破农产品市场进入壁垒，大幅提高农民的经济效益。综上，坚持以做好农民专业合作社、做大家庭农场以及做强农业产业化企业为导向，加快培育发展新型农业经营主体，为实现乡村产业兴旺注入不竭动力，是全面推进乡村振兴的重要前提。

三、金融服务是培育新型农业经营主体的基本保证

农为邦本，本固邦宁。产业兴旺为实现乡村全面振兴提供物质基础，培育新型农业经营主体为实现产业兴旺注入不竭动力，金融服务则是培育新型农业经营主体的基本保证。积极培育新型农业经营主体，对支持小农户现代化发展、赋能农业农村经济、实现农业产业兴旺和助力乡村全面振兴具有深远的影响。而积极培育新型农业经营主体亟待加快发展面向新型农业经营主体的金融服务，加大金融服务的支持力、覆盖面和便捷度（柳晓明、张紫洁，2021），努力让新型农业经营主体更强更优，提高农业效益与市场竞争力，从而加快中国在新征程上由农业大国向农业强国迈进的步伐。为助力新型农业经营主体高质量发展提供金融服务的三大主体主要包括商业和政策性银行、非银行金融机构以及金融监管机构。以中国农业银行为代表的商业银行是推动新型农业经营主体高质量发展的主力军，最大限度地发挥其服务"三农"内设机构的业务优势，不断构建和完善支持新型农业经营主体高质量发展的有效模式，为解决其融资难、担保难等问

题提供多维度的金融支持，切实满足经营主体的差异化金融需求；政策性银行以及担保、保险等非银行金融机构发挥其增信、调节以及财政杠杆的撬动作用，通过政府、银行、非银行金融机构以及农业经营主体之间的联动协同效应，形成多重利益联结机制，实现利益共享、风险共担，为培育新型农业经营主体提供坚实保证；金融监管机构有效保障金融安全，实现创新金融服务、防范金融风险两手抓，为相关金融服务支持新型农业经营主体高质量发展保驾护航。

从当前新型农业经营主体的建设与发展进程来看，金融服务是增强新型农业经营主体经济实力、加快农村金融业发展和推动实现"四化同步"目标的坚实基础和重要引擎。首先，对于众多新型农业经营主体来说，初期发展往往面临由于资源投入、生产经营、规模扩张以及科技创新等活动产生的资金缺口问题。完善的金融服务可以有效破解农村地区长期以来面临的资金缺口问题，极大地增强新型农业经营主体的经济实力，从而推动新型农业经营主体可持续健康发展。其次，金融服务的开展有利于加大农村金融服务覆盖面和便捷度，从而补齐农村金融发展短板，有效解决农业经济发展"脱实向虚"的问题，提升金融服务农村实体经济的能力，在贴合金融服务需求的基础上又繁荣了农村金融业。最后，推动金融创新服务支持新型农业经营主体高质量发展，不仅有利于增强农村贫困地区的"造血"功能，带动农户增收致富，守住不发生规模性返贫底线，持续巩固脱贫攻坚成果，还有助于培育新型农业专业化人才、引入新理念新技术、参与市场化竞争、推动农业农村改革，进而有效促进农村产业结构转型升级。因此，只有加大金融服务对新型农业经营主体的支持力度，持续为其注入金融动能，才能巩固脱贫攻坚成果、有效推动农业"接二连三"融合发展，实现农村产业以"融"促"兴"，推动乡村全面振兴上新台阶。

由于新型农业经营主体具有适度规模的专业化生产、集约化经营和较高的市场化程度等比较优势，因而对信贷额度、融资期限结构和金融服务层次等方面的要求也更苛刻。首先，新型农业经营主体信贷额度需求从小额转向大额。这是由于相较于传统小农户，新型农业经营主体自身集约化与现代化的经营模式，使其在土地流转费用、农田基础设施建设投入等大型费用支出领域会面临更大的压力。同时，新型农业经营主体的一大显著特征就是高投入和高收益，即通过广泛采用先进技术和运用农业装备设施，实行规模化经营并获取规模经济效益。因此，新型农业经营主体的生产经营和规模扩展亟须更大力度的流动性支持。其次，相对于传统小农户主要以短期融资需求为主，新型农业经营主体专业化的经营模式使其融资期限结构呈多元化特征（倪敏、黄海峰、耿刘利，2022），既有规模化、集约化生产经营模式导致的中长期融资需求，也有农业生产季节性特征决定的周期性融资期限需求。最后，新型农业经营主体类型的多样性决定了金融服务需求的差异化。各类生产主体的组织特征和各地农业发展的实际动向催生了多元化的涉农信贷创新产品，通过合理确立贷款额度、期限和利率等要素，使利率的自主定价优势最大化，全力降低农村生产经营主体的资金获取成本。由此可见，有效缓解新型农业经营主体资金约束是其高质量发展、实现农业现代化的必由之路。

第二节　乡村振兴战略与新型农业经营主体金融服务的系统分析

一、乡村振兴战略的系统分析

乡村振兴战略是在脱贫攻坚全面胜利和小康社会全面建成之际、两个一百年历史交汇期、开启全面建设社会主义现代化国家新征程上，党中央围绕新时代"三农"问题，明确新时代乡村振兴的科学逻辑和发展重点，为有效推动农业农村现代化而作出的新战略、新部署以及新要求。作为一个"战略"，乡村振兴显著区别于以往的发展政策，具有更高的系统性、科学性和长期性。乡村振兴战略以农民为乡村振兴的战略主体，以习近平新时代中国特色社会主义思想为乡村振兴的战略思想，以经济建设、政治建设、文化建设、社会建设以及生态文明建设五个方面作为乡村振兴的战略内容；乡村振兴战略的关键是"振兴"，具体涵盖产业、人才、文化、生态以及组织五个维度的全面振兴（陈旭，2020）。加快构建现代农业体系推动产业振兴，增强农业农村内生发展动力保障人才振兴，挖掘农耕文化、发扬中华文明激发文化振兴，坚持绿色发展、建设美丽家园助力生态振兴，加强农村基层党组织建设带动组织振兴；乡村振兴战略的靶向是"乡村"。乡村不仅仅是乡愁的代名词，还肩负着满足人民日益增长的美好生活需要、构建美丽中国和推动区域经济发展的重要使命。目前，中国农业除少部分区位条件优越、资源禀赋突出的地区发展成以新型农业经营主体为主的规模化现代农业经营体系外，大部分地区仍以传统小农户为主从事小规模经营。不平衡、不充分的现状已经成为建成社会主义现代化强国的最大制约因素和突出短板，亟待改变；同时，随着现代化经济体系建设的不断加快，中国在经济、科技、文化、教育和国防等领域已取得重大成就，而实现农业农村现代化目标依旧是最艰巨、最繁重的历史任务。实施乡村振兴战略，能够打破农业农村现代化进程的桎梏，是新时代解决"三农"问题的重大举措。

依据系统工程理论，本书将乡村振兴战略视为一个有机系统，并且基于乡村振兴战略的总体要求，该有机系统又由"产业兴旺""生态宜居""乡风文明""治理有效"和"生活富裕"五个子系统构成，如图3.1所示。

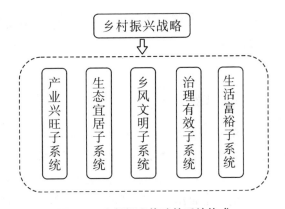

图 3.1　乡村振兴战略的系统构成

其中，"产业兴旺"子系统既是乡村振兴战略的核心，也是中国经济建设的核心。乡村产业落后造成一、二、三产业发展不均，产业振兴不仅可以解决农民收入水平低下、农村劳动力流失以及城乡发展失衡问题，还能有效破解国民经济脱实向虚、城市畸形发展和经济可持续发展后劲不足等难题。"生态宜居"子系统是生态和谐与民生福祉的有机统一。"生态宜居"就是更加注重生态环境与人文关怀，更加关心居民的身心健康和可持续发展，打造绿水青山、空气洁净、环境优美的宜居生活，成就国人的安居乐业梦。"乡风文明"子系统是中华农耕文明的复兴、中国文化建设的美好追求。乡村是赓续农耕文明的载体，通过推行移风易俗、弘扬农耕文明、传承传统美德，促使农村地区发展呈现出越发文明的状态。"治理有效"子系统是社会建设、国家治理的基石，政府采取有效的政策措施，有效解决基层组织虚化、基层自治缺失、基层法治失效和基层德治失灵等问题，促进乡村和谐稳定、充满活力，实现乡村振兴。"生活富裕"子系统是缩小城乡差距和贫富差距、全面建成小康社会的重要举措，也是共产党人的立党初心和执政基础。中国共产党围绕农民群众最关心、最直接、最现实的利益问题，想方设法让农民有持续稳定的收入，实现经济宽裕、生活便捷，把乡村建设成幸福美丽新家园。

二、新型农业经营主体金融服务的系统分析

新型农业经营主体金融服务是金融和新型农业经营主体有机结合的服务，既要立足于新型农业经营主体的实际发展需要，又要遵循金融服务于农业生产发展的运行规律。新型农业经营主体金融服务秉承服务"三农"的本源，充分发挥金融支持农业农村现代化建设的多方位系统性功能，有效促进金融回归实体经济，推动农业农村经济高质量发展。因此，明确新型农业经营主体金融服务的系统性功能，对于推动乡村全面振兴以及实现农业农村现代化意义重大。依据系统工程理论，可以将新型农业经营主体金融服务视为一个有机系统，该有机系统在功能上由多个相互作用、相互制约的子功能构成。结合新型农业经营主体金融服务特性和乡村振兴战略总体要求，本书将这多个子功能归结为"激活"子功能、"低碳"子功能、"文明"子功能、"治理"子功能和"配置"子功能，如图3.2所示。

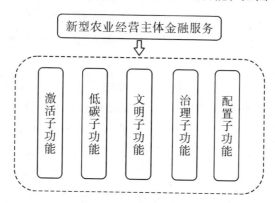

图3.2　新型农业经营主体金融服务的功能构成

其一，"激活"子功能。发展适度规模经营是现代农业的重要方向，依托农业双层经营体制推进农业产业振兴是当前中国农业农村现代化的关键。在保障公有制为主体，坚持土地集体所有制的前提下，以家庭经营为基础，通过结合自身特性和各地区实际发展情况进行动态调整，新型农业经营主体金融服务能够有效激发各类主体进行农业生产的积极性和创造性。为此，要围绕构建现代农业产业体系开展具体业务，积极支持经营权流转、股份合作、代耕代种和土地托管等多种形式的适度规模经营，带动有条件的小农户成长为家庭农场，支持家庭农场组建农民专业合作社，助力合作社根据自身发展创办企业，以传统小农户和新型农业经营主体协同发展推动产业振兴。同时，要大力支持符合条件的涉农企业上市、新三板挂牌融资和并购重组，利用好资本市场支持产业化龙头企业贯通生产、加工和销售全产业链条，在三产融合发展中畅通城乡要素流动，推进农村产业振兴。

其二，"低碳"子功能。农业农村现代化是人与自然之间和谐共生的现代化。新型农业经营主体金融服务深刻践行绿色发展理念，有效结合乡村生态环境的脆弱性和可持续性，因地制宜开发绿色信贷、绿色基金、绿色债券、绿色保险和碳金融等绿色金融产品，有选择地扶持绿色化、生态化农业项目，巧妙统筹协调生态环境保护和农村产业可持续发展二者之间的关系。通过绿色金融服务的创新，有力保障农村垃圾和污水处理、生态修复和治理等项目的资金投入，优先支持有机农业、生态农业等有助于农村生态环境保护、节能增效以及绿色产业的发展。针对具体情况提供专属政策优惠，以信贷、保险、融资担保等方式支持新型农业经营主体结合本地实际发展绿色低碳农业项目，实现农村低能耗、低污染和高产出的绿色生产模式，有效保护农村生态环境，推动生态和经济协调发展、人与自然和谐共生。

其三，"文明"子功能。中国拥有灿烂悠久的农耕文明，必须确保其根脉生生不息。新型农业经营主体金融服务可以在传统文化资源整理创新、乡村文化产业发展和文化宣传设施建设等方面提供有效资金保障，助力赓续农耕文明，推进乡村文化建设。在实践中，要综合运用融资租赁、金融债券、商业保险和文化发展基金等金融工具，综合考虑不同区域自然景观和乡土文化资源，大力支持开发乡村文化产业。在此基础上，以高效、便捷、优惠的金融服务支持乡村系统整治，提升农村人居环境，通过墙面画、宣传栏、雕塑、文化礼堂和展览馆等方式宣传乡土文化和乡风民俗，弘扬传统文化，传承文明基因。要依托金融大数据，遴选出一批有发展潜力、有市场前景的乡村休闲旅游市场主体，通过开发文旅贷、特色农业贷等金融产品，形成资金良性循环机制，扶持打造乡村休闲产业新产业、新业态，支持开展丰富多彩的农耕文明体验活动。

其四，"治理"子功能。新型农业经营主体金融服务通过精准把握金融服务在乡村治理中发挥独特作用的着力点，为持续提升乡村治理效能注入金融力量。在金融信息公开、农户信息建档、金融资金申请、贷款资金监督和金融需求传递等方面让农民、村级组织更深入参与，对水平较高的乡村探索发展挂牌金融自治村等形式，为提升乡村自治能力注入金融血液；通过开办金融夜校、乡村振兴课堂等渠道，做金融法律在乡村的传播者，推进金融法律进村入户，依托各地乡村和事堂、调解工作室和惠农服务点等场所，联合建设金融政策宣传中心、金融产品申请中心，夯实乡村治理法治基础；将村民德治等情况纳入积分并作为贷款授信、利率确定的参照，创新信用乡镇、信用村、信用户评价体系并动态调整，积极推出智慧村务平台，将乡风文明、德治建设、金融支持等纳入平台，以金融科技赋能提升乡村善治水平。

其五，"配置"子功能。新型农业经营主体金融服务通过积极有效的资源配置和金融保障，为建设农村现代化基础设施、发展乡村公共服务、提升农民教育水平和文化素养提供有力的资金支持，扎实推进共同富裕。在财政性存款、存款准备金率、支农再贷款和债券发行等方面给予更多优惠政策，让更多优质金融资源流向乡村，优化乡村金融供给结构，实现城乡融合发展，不断缩小城乡差距。通过基层金融机构与农村基层党组织之间的协调合作，共同推进对农民的信用评级、贷款发放及贷款管理，充分利用金融科技和大数据等手段，针对农村低收入群体匹配契合实际的贷款额度、利率和期限，提高农村金融服务的精准性和便捷性。此外，政策性金融机构要高效利用贷款利率优惠、再贷款、再贴现以及融资配套服务等相关金融政策和工具，为农村的医疗、教育、养老等事业发展提供资金保障和支持，为实现共同富裕保驾护航。

三、乡村振兴战略与新型农业经营主体金融服务的系统耦合

金融是现代经济的核心，是社会经济发展的血脉，对重大工程、重点项目、重要领域以及薄弱环节的助推作用至关重要；新型农业经营主体是实现农业农村现代化的生力军，对于引领农业农村高质量发展起着举足轻重的示范带动作用；农业农村现代化又是实施乡村振兴战略的总体目标，

这一目标的实现自然离不开"金融+新型农业经营主体"的支持力量；反过来，以实施乡村振兴战略为契机和引领，可以倒逼农村金融业态顺应趋势不断进行创新与变革，推进形成绿色金融与绿色农业协同发展的新局面，有效改善金融环境，提高农村金融发展水平。综上，本书将乡村振兴战略的五个子系统与新型农业经营主体金融服务的五个子功能有效衔接，形成系统耦合的关联机制，如图 3.3 所示。二者相互促进、相互制约、协调发展，共同朝着实现乡村振兴战略方向前进。

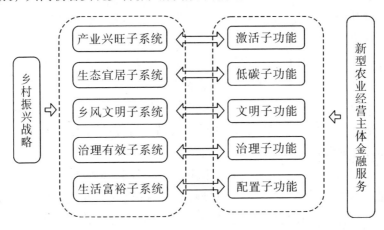

图 3.3　乡村振兴战略与新型农业经营主体金融服务的系统耦合机制

优质的金融服务是现代经济社会健康高效发展的基石，更是落地实施乡村振兴战略、增进广大农民群众福祉、促进农业农村高质量发展的必然要求。将"金融+新型农业经营主体"视为一个系统性的功能主体，能够最大限度地发挥农村金融对实施乡村振兴战略、促进农村高质量发展的中流砥柱作用。其中，"激活"子功能有效对接"产业兴旺"子系统。依托农业双层经营体制，以有效的金融服务激发各类主体进行农业生产的积极性和创造性，支持农业主体发展适度规模经营，助力有条件的小农户发展为新型农业经营主体，以传统小农户和新型农业经营主体协同发展推动实现产业兴旺。"低碳"子功能有效对接"生态宜居"子系统。通过综合考虑农村生态环境特性与农民人文关怀需求，因地制宜、有选择性地进行绿色金融产品和绿色服务的研发创新，催生低能耗、低污染、高产出的绿色生产模式，巧妙平衡经济发展与生态环境二者间的关系，推动人与自然和谐共生，打造生态宜居地，实现安居乐业梦。"文明"子功能有效对接"乡风文明"子系统。通过运用文化发展基金、开发文旅贷、特色农业贷等金融产品，在乡村文化资源整理、产业发展和宣传设施建设等领域中形成资金良性循环机制，扶持打造乡村文化产业新业态，助力赓续农耕文明，弘扬文明乡风。"治理"子功能有效对接"治理有效"子系统。以"金融+"助力构建自治、法治、德治相结合的乡村治理体系——创新"金融+党建"引领乡村治理，开展"金融+自治"激活乡村治理，强化"金融+德治"提升乡村治理，推进"金融+法治"夯实乡村治理，为构建共建共治共享的乡村治理新格局注入金融力量。"配置"子功能有效对接"生活富裕"子系统。金融服务聚焦重点领域和薄弱环节，找准共同富裕的着力点和突破口，以人民群众为中心，推动减费让利，进一步增强金融消费者的获得感和幸福感。聚焦建立和完善农村社会保障金融支持体系，充盈共同富裕内涵并将其嵌入乡村振兴战略的重大决策部署中。

经济基础决定上层建筑，上层建筑同样反作用于经济基础。新时代下，以乡村振兴战略为契机，推进金融机构与基础服务改革创新，推动新型农业经营主体金融服务能力与水平持续提升；以乡村振兴战略为引领，积极建立风险防范机制，加强对金融机构的实施监管，切实提升新型农业经营主体金融风险防范能力，保障新型农业经营主体金融服务安全、绿色、稳定运行，促进新型农业经营主体金融服务与乡村振兴战略协调发展。乡村振兴战略是一个系统工程，"产业兴旺"子系统能够激活金融血脉。产业振兴创造的新兴附加价值能够加快地区财富积累，激活金融经济发展原动力，进而带动当地的金融发展和经济繁荣。"生态宜居"子系统能够优化金融环境。绿色的生产方式和产业结构造就了粗放式的小规模经营向集约式的现代化经营的转变，绿色的生活方式和人居空间促成了安居乐业的乡村人居环境。环境优美、宜居宜业的农村生态环境能够催生当地金融业态发展新模式，有效保障绿色金融在农村经济中发挥的作用最大化。"乡风文明"子系统能够培育金融风气。通过开展移风易俗行动、引导鼓励乡贤参与修规立约、推进农村文化建设等活动，大幅提高农民的科学文化素养和乡村精神文明水平。淳朴的乡风文明对金融发展起到推波助澜的作用，有利于农村金融生态环境的优化。"治理有效"子系统可以为金融体系稳健运行保驾护航。有效的乡村治理和现代化建设能够确保农村金融服务的顺利推广，为提升乡村金融自治能力注入新动能。"生活富裕"子系统能够提升金融质量。增收脱贫、生活富裕带来的农民收入增加、农民信贷需求和投资理财意识增强，使得农村金融服务需求大幅增长，为金融服务业创造新的发展机遇，能够有效提升地区的金融发展水平，有利于提高金融服务实体经济的质量。

第三节　本章小结

首先本章分析了乡村振兴战略与新型农业经营主体金融服务的逻辑关系，这种关系主要表现为：产业兴旺是实现乡村振兴战略的根本途径，培育新型农业经营主体是实现产业兴旺的主要动力，而金融服务是培育新型农业经营主体的基本保证。其次，本章基于系统工程理论，分别将乡村振兴战略与新型农业经营主体金融服务看作两个有机系统，并分析其系统构成。其中，将乡村振兴战略根据其目标分为"产业兴旺""生态宜居""乡风文明""治理有效"和"生活富裕"五个子系统，将新型农业经营主体金融服务归结为"激活"子功能、"低碳"子功能、"文明"子功能、"治理"子功能和"配置"子功能。在此基础上，对乡村振兴战略与新型农业经营主体金融服务进行了系统分析，并绘制了二者的关联图。

第四章　乡村振兴背景下新型农业经营主体的发展困境与金融服务需求

本书课题组综合考虑贵州省内地域差异、新型农业经营主体发展水平、农村金融服务供需情况等因素，选取贵阳、遵义、铜仁、毕节、黔东南以及黔西南6个地级市（民族自治州）进行问卷调研并获取数据。课题组共计发放300份调查问卷，回收281份有效问卷，分别调查了154个农民专业合作社、80个家庭农场、24个种养大户以及23个农业产业化企业。本章采取描述性统计分析方法，首先深入剖析贵州新型农业经营主体的发展困境，厘清其培育壮大所面临的现实障碍；在此基础上，系统总结贵州新型农业经营主体的金融服务需求特征。

第一节　新型农业经营主体的发展困境

近年来，贵州不断创新农村金融服务，以适应新型农业经营主体培育壮大的金融服务需求。然而，目前贵州绝大多数新型农业经营主体依旧面临着"融资难"和"融资贵"问题，与新型农业经营主体日益增长的金融服务需求相比，农村金融服务供给效率尚有较大提升空间。通过对贵州省6个地级市（自治州）的281个新型农业经营主体进行问卷调查发现，其主要存在经营管理不规范与能力较弱、资金获取困难与成本高昂、授信额度不高与期限错配、缺乏抵（质）押物与担保渠道等困境。

一、经营管理不规范与能力较弱

目前贵州新型农业经营主体总体发展质量不高，多以家庭式管理为主，管理规范欠缺，普遍存在内控机制和财务管理制度不健全的问题，这给金融机构授信、评级和监管带来较大困难。首先，贵州是传统农业大省，对家庭农场和种养大户的培育还在不断探索，其生产经营管理规范性较差，整体发展水平仍然较低；农民专业合作社的组织形式十分松散，在涉及众多农户的情形下，其管理运作依旧以家庭经营制为主，部分地区还存在一些"空壳社""僵尸社"甚至是"冒牌社"，金融机构难以判断其资质，最终导致其较难获得充足的金融服务。其次，贵州新型农业经营主体发展良莠不齐，部分经营主体发展速度较快，但也有一些经营主体负责人思想观念落后，管理能力明显不足。通常而言，新型农业经营主体负责人的文化程度代表了其管理能力：文化程度越高，负责人的管理能力、经营水平越高。通过对贵州281个新型农业经营主体问卷调查发现，其负责人的文化教育水平整体偏低，多达75.80%的负责人学历为高中及以下，仅有24.20%负责人文化程度在高中以上（见图4.1）。负责人文化素质不高导致其自身能力不足，使得新型农业经营主体在向金融机构争取金融服务的过程中缺乏正确的策略和思路。最后，贵州新型农业经营主体风险防控意识较为薄弱，风险管理能力有待增强。尽管现阶段绝大多数经营主体的生产技术和生产能力有了明显提升，但是部分经营主体靠天吃饭的思想根深蒂固，不会主动去管理和防范面临的市场和自然"双重风险"。从图4.2的调查结果可以发现，超过半数（54.09%）的新型农业经营主体偏好风险，盲目追求高额利润，均衡风险和规避风险的新型农业经营主体仅仅占到24.91%和21.00%。风险管理意识淡薄使得金融机构对新型农业经营主体的稳健性难以预测和把握。

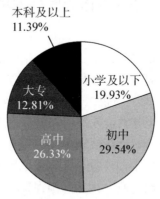

□小学及以下 ▨初中 ▥高中 ▦大专 ■本科及以上

图4.1 样本新型农业经营主体负责人的文化程度

（数据来源：根据调查问卷统计）

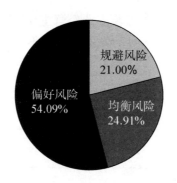

□规避风险 ■均衡风险 ■偏好风险

图 4.2　样本新型农业经营主体负责人的风险态度

（数据来源：根据调查问卷统计）

二、资金获取困难与成本高昂

当前，"融资难"和"融资贵"是困扰贵州进一步培育壮大新型农业经营主体的关键问题。只有彻底破除新型农业经营主体的融资困境，才能有效提高农业生产经营集约化、专业化与规模化水平，进而为实现乡村全面振兴以及农业农村现代化创造有利条件。首先，新型农业经营主体融资需求强烈，但普遍面临"融资难"问题。从贵州 281 个新型农业经营主体的融资难度调查结果（图 4.3）来看，多达 191 个新型农业经营主体认为从金融机构获得融资的难度较大，约占总样本的 67.97%；有 62 个新型农业经营主体认为从金融机构获得融资的难度一般，约占总样本的 22.06%；仅有 28 个新型农业经营主体认为从金融机构获得融资的难度较小，约占总样本的 9.96%。其次，新型农业经营主体向金融机构申请贷款的利率通常较高，存在"融资贵"现象。新型农业经营主体是否向金融机构申请贷款在很大程度上取决于贷款利率，一般而言，更低的利率水平会促使新型农业经营主体更加愿意从金融机构获得更多贷款。调研发现：多数样本农民专业合作社、家庭农场和种养大户的贷款利率超过 5%，融资成本相对较高；农业产业化企业由于规模相对较大且享受政府的政策补贴较多，利率多数低于 5%。样本新型农业经营主体的融资成本调查结果（图 4.4）显示，高达 58.36% 的新型农业经营主体认为从金融机构获得融资的成本偏高，仅有 6.76% 的新型农业经营主体认为从金融机构获得融资的成本较低。偏高的融资成本无疑会给新型农业经营主体的融资意愿带来"沉重一击",使得其自身的贷款意愿显著降低,进而不利于新型农业经营主体的培育壮大。

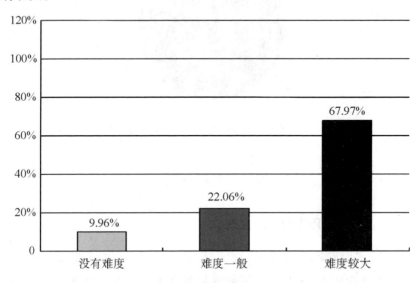

图 4.3　样本新型农业经营主体的融资难度

(数据来源:根据调查问卷统计)

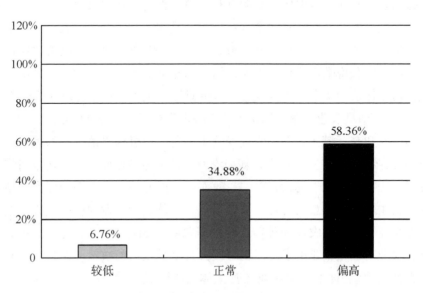

图 4.4　样本新型农业经营主体的融资成本

(数据来源:根据调查问卷统计)

三、授信额度不高与期限错配

与传统农业经营主体相比，乡村振兴战略为贵州新型农业经营主体发展提供了重要机遇，其不断扩大生产经营规模、拓宽农业多重功能、延长农业产业链条，由此也产生了愈发旺盛的金融服务需求。但从现实情况来看，目前贵州面向新型农业经营主体培育过程中的金融服务依旧存在授信额度不够高以及借贷期限错配的现象。首先，相关涉农金融机构为新型农业经营主体提供的授信额度普遍偏低，难以充分满足其生产经营所需的资金需求。通过对贵州281个新型农业经营主体问卷调查（见图4.5）发现：158个新型农业经营主体有较大资金缺口，占比约为56.23%，其中，有较大资金缺口的农民专业合作社和家庭农场较多，占比分别约为64.56%、22.78%；远远得不到满足的新型农业经营主体数量为61个，占比约为21.71%；仅有62个新型农业经营主体的融资需求基本得到满足，占比约为22.06%。其次，新型农业经营主体的生产经营周期与借贷期限发生错位。图4.6调查结果显示，233家新型农业经营主体的贷款需求期限在1年以上，占比高达82.92%，其中，1～3年（含）需求期限占比约为45.55%，3年以上需求期限占比约为37.37%。尽管当前部分金融机构开发了不需要偿还本金的续贷产品，比如"特惠息""惠息还"等，然而较为复杂的续贷手续和续贷流程导致这些产品周期仍然无法有效匹配新型农业经营主体的融资周期。之所以会存在期限错配，其原因主要在于：一方面，贵州农业对自然条件的依赖性高，气候因素、地形因素以及土壤因素等对农业生产经营的影响较大，导致其生产经营面临着较高的风险，同时生产经营效益不够稳定；另一方面，金融机构一般倾向于提供低风险、低成本的传统信贷支农产品，比如小额信用信贷、抵押贷款、小额联保贷款等，授信额集中在10万元以内，期限主要集中在中短期，因此并不能较好地满足新型农业经营主体的需求。

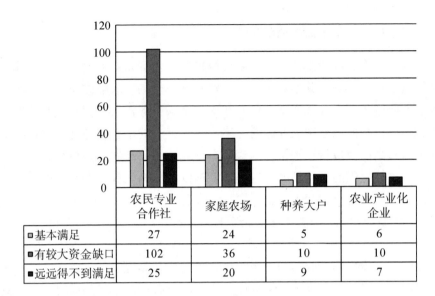

	农民专业合作社	家庭农场	种养大户	农业产业化企业
基本满足	27	24	5	6
有较大资金缺口	102	36	10	10
远远得不到满足	25	20	9	7

图 4.5 样本新型农业经营主体的融资需求满意度

（数据来源：根据调查问卷统计）

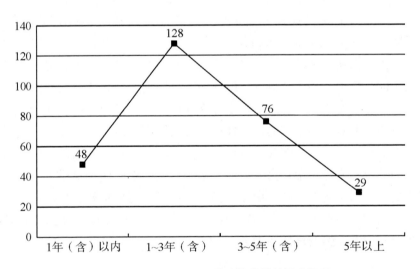

图 4.6 样本新型农业经营主体的贷款需求期限

（数据来源：根据调查问卷统计）

四、缺乏抵（质）押物与担保渠道

目前，由于农村市场流转体系不健全，新型农业经营主体缺少合格有效的抵（质）押物品，部分可以用于抵（质）押物品的足值性与变现能力也较为有限，再加上担保能力不足，新型农业经营主体的融资渠道和信贷额度受到较大限制。通过对贵州281个新型农业经营主体问卷调查（见图4.7）发现：缺乏抵押品是新型农业经营主体在融资过程中面临的最大障碍，存在这一障碍的新型农业经营主体达到201个，占比高达71.53%；同时，也有96家新型农业经营主体在融资过程中面临无人担保障碍，占比约为34.16%；其余障碍包括贷款利息高、贷款手续烦琐、不了解贷款形式、信用记录不好等，占比分别为44.84%、19.93%、30.96%和11.03%。首先，从抵（质）押融资来看，目前新型农业经营主体对自身拥有的一些没有产权证明的资产难以进行抵（质）押变现，比如生产厂房、大型农机具以及养殖大棚等，造成这种困局的原因主要在于缺乏健全的农村生产要素流转交易机制。与此同时，"两权"（农村承包土地经营权和农民住房财产权）抵押贷款相对滞后，既缺乏法律层面的充分认可，也缺乏完善的抵押登记部门、评估机构以及交易流转市场等配套环境支持。此外，金融机构在处理土地承包经营权时也会存在诸多困难，比如难以流转和变现经营权证、资金回收损耗大以及耗费周期较长等。其次，从信用和担保融资来看，商业担保公司主要从风险与收益的角度考虑是否要为新型农业经营主体提供担保服务，然而一般的经营主体资质较差，难以满足担保公司低风险、高收益的要求。另外，一些新型农业经营主体选择放弃担保的重要原因是其无法承担商业担保公司收取的高额担保费用。现阶段贵州农村信贷融资担保的整体运行机制仍然较为滞后，缺乏有效担保也导致绝大多数新型农业经营主体难以获得银行机构的信贷支持。

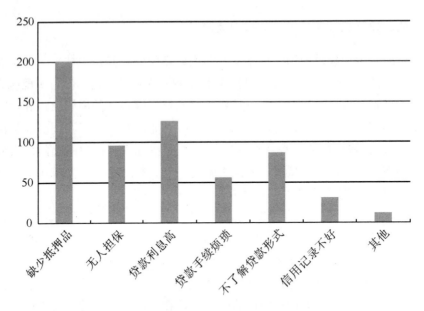

图 4.7　样本新型农业经营主体的融资障碍（多选）

（数据来源：根据调查问卷统计）

第二节　新型农业经营主体的金融服务需求

在大力实施乡村振兴战略的背景之下，贵州省不断加大新型农业经营主体的培育力度，推动经营主体逐渐迈入高质量发展阶段，有效提升了农业生产经营的集约化、专业化、组织化以及社会化程度。金融服务是培育新型农业经营主体的基本保证，因此，贵州在培育新型农业经营主体过程中势必也会对金融服务提出新的需求。通过对贵州省 6 个地级市（自治州）的 281 个新型农业经营主体进行问卷调查发现，经营主体的金融服务需求在数量、用途、方式以及层次等方面呈现出以下新特征：

一、金融服务需求数量明显增加

相较于传统农业经营主体，农民专业合作社、家庭农场、种养大户以及农业产业化企业等新型农业经营主体具备了更高的专业化、规模化以及产业化程度，从而使其在生产经营场地、加工制造设备、物流仓储设施等基础工程建设项目方面有了较大的资金投入需求。与此同时，新型农业经营主体的发展壮大并不会戛然而止，其往往会伴随农业农村经济结构的调整升级而不断增强扩大生产经营规模的内在动力。然而，由于新型农业经营主体自身往往积累不足，导致资金缺口比例较高，因此迫切需要大量的外部信贷资金支持。对贵州省 281 个新型农业经营主体的样本调查结果（见图 4.8）显示：农民专业合作社、家庭农场贷款需求数量在 20 万~50 万元的居多，占比分别高达 46.10%、63.75%；种养大户贷款需求数量在 20 万~50 万元、50 万~100 万元的居多，占比均为 25.00%；农业产业化企业贷款需求数量集中在 100 万~200 万元，占比高达 30.43%，贷款需求数量在 200 万元及以上的比重也达到 26.09%。由此可见，新型农业经营主体对信贷资金的需求普遍具有额度较大的特点，但现有金融产品无法满足贵州省新型农业经营主体的规模化经营需求，接下来涉农金融机构应该放宽对新型农业经营主体的授信额度，以充分满足其对信贷资金的增额需求。

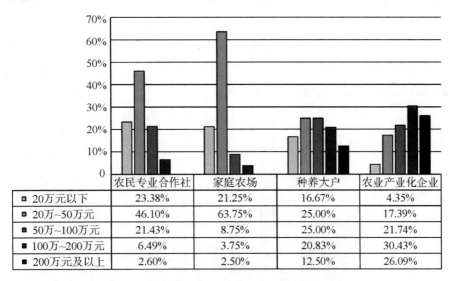

	农民专业合作社	家庭农场	种养大户	农业产业化企业
■ 20万元以下	23.38%	21.25%	16.67%	4.35%
■ 20万~50万元	46.10%	63.75%	25.00%	17.39%
■ 50万~100万元	21.43%	8.75%	25.00%	21.74%
■ 100万~200万元	6.49%	3.75%	20.83%	30.43%
■ 200万元及以上	2.60%	2.50%	12.50%	26.09%

图 4.8　样本新型农业经营主体的贷款需求数量

（数据来源：根据调查问卷统计）

二、金融服务需求用途不断拓宽

新型农业经营主体对金融服务需求的用途不断拓宽，呈现出明显的复杂化和多样化特征，这与传统农业经营主体单一化的金融服务需求具有本质区别。与传统农业经营主体单一化的农业生产方式相比，新型农业经营主体综合化的农业生产经营方式使得其金融服务的需求也将发生显著变化。对于传统农业经营主体而言，其对金融服务的需求主要集中在传统生产和消费领域；新型农业经营主体的金融服务需求不再局限在土地流转前的生产和消费领域，而是涉及整个农业产业链，贯穿生产经营周期的各个领域和各个环节，具体涵盖农产品生产、初（深）加工、储存（冷藏）、物流（冷链）以及市场销售等方方面面的金融服务需求。对贵州省281个新型农业经营主体的样本调查结果（见图4.9）显示：尽管农民专业合作社、家庭农场和种养大户贷款需求用途主要集中在生产领域，占比分别高达55.19%、63.75%和58.33%，但用于加工、流通和消费领域的比例也不低，除生产领域外，农民专业合作社贷款需求用于加工领域的比例最高（18.83%），家庭农场和种养大户贷款需求用于流通领域的比例最高，分别达到17.50%和20.83%；农业产业化企业贷款需求用途主要集中在加工领域，占比高达34.78%，其余在生产、流通和消费领域的占比分别为30.43%、26.09%和8.70%。可见，新型农业经营主体的资金需求用途存在多元化趋势，接下来应基于农业产业链各个环节特点，加快构建多样化金融服务体系，提升金融服务供给效率。

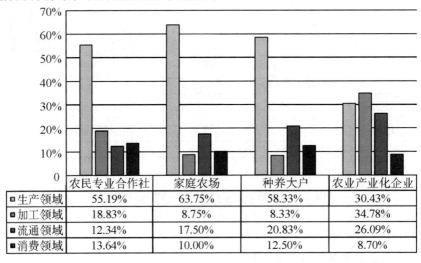

	农民专业合作社	家庭农场	种养大户	农业产业化企业
生产领域	55.19%	63.75%	58.33%	30.43%
加工领域	18.83%	8.75%	8.33%	34.78%
流通领域	12.34%	17.50%	20.83%	26.09%
消费领域	13.64%	10.00%	12.50%	8.70%

图4.9 样本新型农业经营主体的贷款需求主要用途

（数据来源：根据调查问卷统计）

三、金融服务需求方式愈发灵活

与传统农业经营主体以短期融资需求为主相比，新型农业经营主体专业从事农产品生产和服务，其规模化、专业化与集约化水平较高，其对融资需求期限愈发灵活多样，并且存在明显的长期化趋势。短期化融资需求期限向长期化融资需求期限转变，也意味着对高质量金融服务的迫切需求。首先，新型农业经营主体主要从事时令性（或者季节性）较强的生产经营活动，这使得其往往会产生周期性的融资需求期限。其次，伴随新型农业经营主体的发展壮大，其在建设农田水利基础设施、购买大型农机具以及土地流转租赁等方面的大额资金需求明显增加，并且这些资金需求期限往往比较长，因此只有提供中长期贷款才能满足其需要。此外，随着新型农业经营主体规模化、专业化与集约化水平的不断提高，其在布局发展农业产业链的各个环节时均会产生资金需求，而这些资金需求在期限方面必然存在明显的多样性特征。对贵州省 281 个新型农业经营主体的样本调查结果（见图 4.10）显示：农民专业合作社、家庭农场和种养大户贷款需求期限在 1 ~ 3 年（含）的居多，占比分别高达 48.05%、48.75% 和 33.33%，贷款需求期限在 1 年（含）以内的相对较少；农业产业化企业由于自身规模较大、产业链比较健全，其贷款需求期限相对较长，在 3~5 年（含）和 1~3 年（含）的居多，占比均为 30.43%，贷款需求期限在 5 年以上的占比也达到 13.04%。因此，金融机构在有针对性地提供金融服务时，需要综合考虑周期性与长期性因素，以满足不同类型的新型农业经营主体对信贷资金期限的差异化需求。

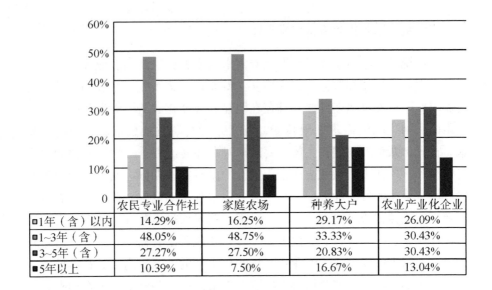

	农民专业合作社	家庭农场	种养大户	农业产业化企业
▫1年（含）以内	14.29%	16.25%	29.17%	26.09%
▪1~3年（含）	48.05%	48.75%	33.33%	30.43%
▪3~5年（含）	27.27%	27.50%	20.83%	30.43%
▪5年以上	10.39%	7.50%	16.67%	13.04%

图 4.10　样本新型农业经营主体的贷款需求期限

（数据来源：根据调查问卷统计）

四、金融服务需求层次显著升级

新型农业经营主体的培育壮大，本身也意味着农业产业链的持续延伸，农业产业链各个环节对金融服务提出了更高的要求。尤其是农业生产资料供应、农副产品加工以及农产品销售等关系紧密的上、中、下游交易关系，催生了产业链金融这一新型金融服务模式。相较于传统农业经营主体，新型农业经营主体经营理念和行为方式逐步向现代市场模式靠近，对便捷化和多样化的金融服务有更高要求，金融服务需求层次逐渐提升。首先，随着新型农业经营主体的不断发展，其资金利用规模不断扩大，资金周转频率明显加快，对资金使用效率提升的愿望愈发迫切，由此也会产生对专业财务管理咨询的需求。其次，从外源融资方式来看，相比于传统银行借贷这一间接融资方式的高成本性，新型农业经营主体对发行企业债、可转债、私募债等直接融资有较大需求。最后，从金融产品需求种类来看，新型农业经营主体开始关注农产品期货、农业投资债券、理财顾问以及金融租赁等新型金融产品，而并非仅仅考虑传统金融产品（如农业贷款、储蓄存款以及农业保险等）。在被调查的贵州省 281 个新型农业经营主体样本中（见图 4.11），高达 97.15%的经营主体有信贷需求，共计 273

个；59.79%的经营主体有保险需求，共计 168 个；6.76%的经营主体有债券需求，共计 19 个；7.83%的经营主体有期货需求，共计 22 个；15.30%的经营主体有金融租赁需求，共计 43 个；23.49%的经营主体有财务顾问需求，共计 66 个。相比而言，目前贵州培育壮大新型农业经营主体过程中首要的金融服务需求依旧是信贷需求。当然，农产品期货、农业投资债券、理财顾问以及金融租赁等金融服务需求，也将伴随新型农业经营主体的培育壮大而逐渐增强。

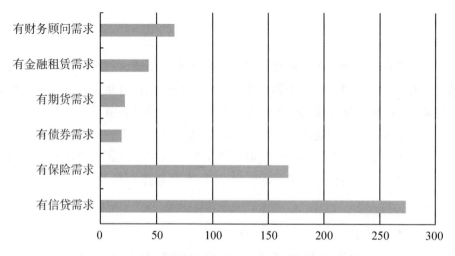

图 4.11 样本新型农业经营主体的金融服务工具需求（多选）

（数据来源：根据调查问卷统计）

第三节 本章小结

本章基于对贵州 281 个新型农业经营主体的问卷调查数据，采用描述性统计分析方法，详细分析了贵州新型农业经营主体的发展困境，系统总结了贵州新型农业经营主体的金融服务需求特征。结果发现，目前贵州新型农业经营主体主要存在经营管理不规范与能力较弱、资金获取困难与成本高昂、授信额度不高与期限错配、缺乏抵（质）押物与担保渠道等困境。相比于传统农业经营主体而言，贵州新型农业经营主体在金融服务需求方面呈现出了一些新的特征，具体表现为需求数量明显增加、需求用途不断拓宽、需求方式愈发灵活以及需求层次显著升级。

第五章　乡村振兴背景下新型农业经营主体的金融服务供给现状与问题

合理优化贵州新型农业经营主体的金融服务供给，对巩固拓展脱贫攻坚成果、助力乡村全面振兴和实现农业农村现代化具有重要意义。本章综合采用文献研究法与描述性统计分析方法，对乡村振兴背景下贵州新型农业经营主体培育的金融服务供给现状进行系统分析，进而着力探讨贵州新型农业经营主体培育过程中金融服务供给存在的主要问题，为后续章节科学设计贵州新型农业经营主体培育的金融服务体系优化路径奠定坚实基础。

第一节　新型农业经营主体的金融服务供给现状

一、金融政策体系持续健全

在坚持家庭承包经营的基础之上，大力培育农民专业合作社、家庭农场、种养大户以及农业产业化企业等专门从事农业生产和经营的新型农业经营主体，是关系到中国农民稳定增收、农产品有效供给以及农业转型升级的重大战略。新型农业经营主体的培育壮大，对于培育农业农村发展新动能、巩固拓展脱贫攻坚成果、助力乡村全面振兴和农业农村现代化具有重要作用。然而，从现阶段中国的实际情况来看，亟须加快健全针对新型农业经营主体培育的金融服务体系，创新专属金融产品和服务，进一步提升和加大其金融服务的可得性、覆盖面、便利度。近年来，中国高度重视金融支农的重要作用，综合运用多种金融政策工具，陆续出台了包括《关于金融服务乡村振兴的指导意见》《关于金融支持新型农业经营主体发展的意见》《关于金融支持农业产业化联合体发展的意见》在内的诸多涉及金融服务支持新型农业经营主体发展的政策文件（见图 5.1），初步形成了较为完善的金融服务政策体系，为引导新型农业经营主体快速发展，更好发挥其带动农民进入市场、增加收入以及建设现代农业的重要作用创造了有利条件。

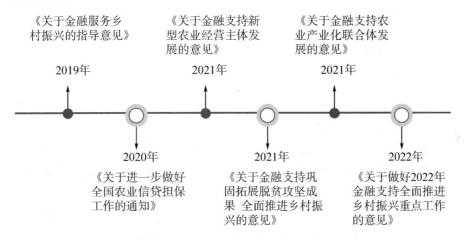

图 5.1 金融服务支持新型农业经营主体发展的主要政策

　　贵州省委、省政府对此也作出了积极回应，2019 年人民银行贵阳中心支行联合相关部门印发了《关于金融服务乡村振兴的实施意见》，充分结合贵州省实际从 8 个方面明确了 26 条举措，系统性推动乡村振兴金融支持工作；2020 年省委农办等 7 部门关于印发《关于扩大农业农村有效投资加快补上"三农"领域突出短板的实施意见》，聚焦 12 个特色优势农业产业，统筹财政资金、金融资本和社会资本投入农业农村，千方百计扩大农业农村有效投资；2021 年人民银行贵阳中心支行会同贵州银保监局、省农业农村厅、省乡村振兴局、省地方金融监管局、省财政厅印发《关于国有大型商业银行下沉金融服务重心做好乡村振兴战略和农业现代化发展金融服务的若干措施》，督促大行进一步加大对农村地区市场主体和重点领域的资源倾斜，持续提升服务"三农"的特色化、专业化、精细化水平，聚力优化乡村振兴金融服务；2022 年人民银行贵阳中心支行印发《提高金融服务〈国务院关于支持贵州在新时代西部大开发上闯新路的意见〉实施质效工作方案》，加大"三农"资源投入，聚焦新型农业经营主体、农村产业发展、易地扶贫搬迁后续扶持等做好金融服务；2022 年贵州银保监局出台《关于 2022 年辖内银行业保险业服务全面推进乡村振兴重点工作的实施意见》，积极引导金融机构通过创新金融产品、优化信贷配置等途径进一步加强涉农金融服务工作。整体而言，贵州省出台的一系列重要指导性金融政策文件，始终坚持将金融服务作为加大新型农业经营主体培育的重要举措，有效调动和增强了金融业支持新型农业经营主体的积极性和信心，为强化新型农业经营主体的金融服务夯实了政策保障。

二、金融组织机制日趋完善

经过多年的发展，贵州省多层次、广覆盖、适度竞争的农村金融服务组织体系日益完善，政策性金融、商业性金融和合作性金融功能互补、相互协作的格局也逐渐形成。

首先，在政策性金融方面，中国农业发展银行（以下简称"农发行"）贵州省分行的突出作用得到发挥。近年来，农发行贵州省分行紧扣全省围绕"四新"主攻"四化"主战略，突出政策性金融服务乡村振兴重点帮扶创新示范目标引领，积极发挥"当先导、补短板、逆周期"作用，全力服务乡村振兴，持续加大对农村重大基础设施建设项目、重点领域补短板项目的金融支持力度。"十四五"以来，农发行贵州省分行紧盯助力产业兴旺这一关键举措，突出支持贵州省十二大农业特色产业发展，累计投放产业贷款 243.91 亿元，帮助打造国家级杂交水稻制种基地、"贵州黄牛——中国和牛"产业品牌、"贵州刺梨维 C 之王"全产业链等产业生态，培育壮大了一批新型农业经营主体。

其次，在商业性金融方面，国有大型商业银行在金融服务新型农业经营主体中的中坚作用得到巩固。近年来，中国农业银行贵州省分行和邮政储蓄银行贵州省分行先后完成了"三农"金融事业部改革，进一步增强了包括新型农业经营主体在内的金融支农力度。2021 年 7 月，中国人民银行贵阳中心支行等六部门联合制定了《关于国有大型商业银行下沉金融服务重心做好乡村振兴战略和农业现代化发展金融服务的若干措施》，引导商业性金融机构进一步加大对农村地区市场主体和重点领域的资源倾斜。其中，对工、农、中、建、交、邮 6 大国有商业银行涉农贷款或普惠口径小微企业贷款作出明确考核规定：中国农业银行县级"三农"金融事业部各季度末涉农贷款比例平均不低于 50%；工、农、中、建、交普惠口径小微企业贷款增长 30% 以上，邮政储蓄银行增速不低于上年同期。

最后，在合作性金融方面，小型农村金融机构与新型农村金融机构①的主力作用日益凸显。合作金融是健全、完善现代农村金融体系的关键一环，合作金融的交易成本较低，可以避免发生严重的金融排斥，推动农村金融回归本源（孙贺乾，2022）。大力发展小型农村金融机构与新型农村金融机构是实现农村金融回归本源的重要手段。近年来，贵州省积极鼓励发展各类小型农村金融机构与新型农村金融机构，充分发挥了农村合作金融机构在乡村振兴与农业农村现代化中的重要作用，更好地服务于新型农业经营主体的培育壮大。图 5.2 显示了 2017—2021 年贵州农村金融机构资产总额增长情况，从中可以看出，贵州农村金融机构在这段时间获得了较快增长，2021 年小型农村金融机构与新型农村金融机构的资产总额相比 2017 年分别增长 1 261 亿元和 313 亿元，年均增长率分别为 3.78% 和 15.52%。

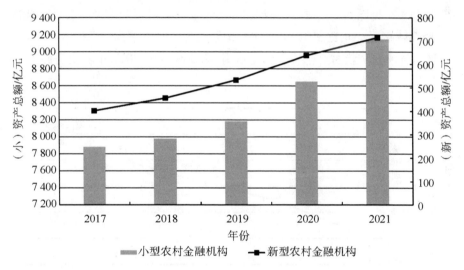

图 5.2　2017—2021 年贵州农村金融机构资产总额增长情况
（数据来源：2018—2022 年《贵州省金融运行报告》）

三、金融市场发展成效明显

近年来，按照党的十九大提出的乡村振兴战略总要求，贵州省金融机构积极做好培育壮大新型农业经营主体的金融服务工作，一方面持续加大

———————————

① 小型农村金融机构包括农村商业银行、农村合作银行和农村信用社，新型农村金融机构包括村镇银行、贷款公司和农村资金互助社。

农业信贷市场的资金投放力度，另一方面稳固发展规模较小的农业保险市场和农业资本市场，不断提高金融市场发展水平，进一步支持新型农业经营主体高质量发展。

一是农业信贷市场规模逐步扩大。针对新型农业经营主体在金融服务需求数量、需求用途、需求方式以及需求层次等方面呈现出来的新特点，2014 年中国人民银行出台了《关于做好家庭农场等新型农业经营主体金融服务的指导意见》，2021 年中国人民银行等六部委进一步出台了《关于金融支持新型农业经营主体发展的意见》。根据这些文件，中国人民银行贵阳中心支行引导银行业金融机构加大对新型农业经营主体的信贷支持力度，采取灵活方式确定承贷主体，合理设计信贷产品，拓宽抵押和质押物范围，确保其有效信贷需求得到有效满足。中国人民银行贵阳中心支行的统计数据（见图 5.3）显示，截至 2021 年末，贵州省全口径涉农贷款余额为 15 384 亿元，相比 2017 年增加 6 637 亿元，增长率高达 75.88%；2021 年贵州省涉农贷款占全部贷款的比重为 42.86%，与 2017 年相比提高 1.14 个百分点。

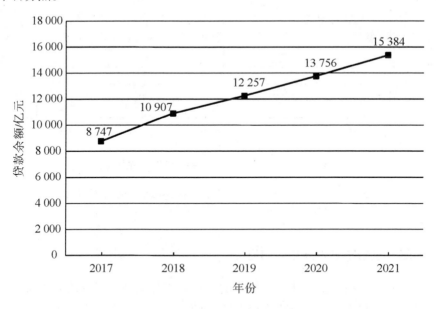

图 5.3　2017—2021 年贵州涉农贷款余额增长情况

（数据来源：2018—2022 年《贵州省金融运行报告》）

　　二是农业保险市场加快发展。近年来，在相关政策部门的积极推动下，贵州省农业保险发展迅速，成为助力农业产业革命、助推脱贫攻坚的有力抓手，充分发挥了农业生产"稳定器"作用，为新型农业经营主体发展保驾护航。2020年省地方金融监督管理局等多部门联合印发《贵州省农业保险高质量发展实施意见》，指出要逐步提高地方特色险种占农业保险的比例，推动农业保险不断"扩面"，实现愿保尽保。20214年省财政厅会同省发改委等9部门共同印发《贵州省政策性农业保险工作实施方案》，优化了特色农业保险保费补贴比例，进一步健全了"三农"保险服务体系。2021年贵州省政策性农业保险保费收入17.6亿元，同比增长6.2%（见图5.4），为660.3万户次各种农业经营主体提供风险保障金额1 955.3亿元，向43.6万户次投保农业经营主体赔款与给付支出11.3亿元，同比增长19%。同时，贵州银保监局采取"批量审核、批量许可"的方式支持保险主体向基层地区延伸服务机构，全省农业灾害保险经营主体分支机构已达近500家，"覆盖市县、服务乡镇"的农业保险市场体系逐步完善。

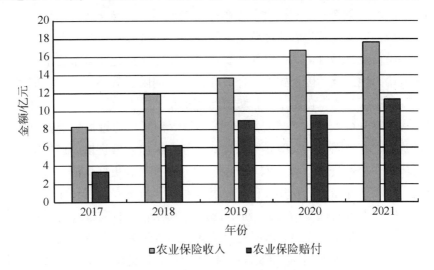

图5.4　2017—2021年贵州农业保险收入与赔付情况

（数据来源：2018—2022年《贵州省金融运行报告》）

　　三是农业资本市场取得新进展。近年来，为了拓展农业企业融资渠道，贵州省不断推进投融资体制改革，加大农业企业债券发行力度，充分发挥企业债券在促投资、稳增长以及惠民生方面的促进作用。贵州省首只农业产业企业债券是2016年黔东南州开发投资有限责任公司发行规模为

7.9 亿元的企业债券。2017 年六盘水市农业投资开发有限责任公司发行规模为 4 亿元的企业债券，成为贵州省第二只农业产业企业债券，债券市场逐步成为当前贵州为加快补上"三农"领域突出短板提供有效资金保障的重要渠道。与此同时，期货市场在服务贵州特色农业产业发展、助力农户稳收等领域也取得了积极成效，极大地帮助新型农业经营主体特别是农业产业化企业提高了抗击风险的能力。2020 年"保险+期货"在贵州破冰，实现全省 9 个脱贫攻坚挂牌督战县全覆盖、全赔付，累计为 1.41 万吨鸡蛋、17.4 万头生猪的饲料和 30 万羽鸡的饲料提供价格保障，惠及 1.42 万户建档立卡贫困户，赔偿金额累计 494 万元，打开了贵州资本市场助力乡村振兴的新局面。

四、金融创新产品形式多样

近年来，针对新型农业经营主体的多层次金融需求，贵州省相关涉农金融机构聚焦传统金融服务的痛点、难点，开展了个性化、差异化、定制化的金融产品创新，不断扩大金融业务覆盖范围，引导金融资源更多投向农业领域，以支持新型农业经营主体的持续培育和壮大。

一是信贷产品创新。根据新型农业经营主体多样化的金融需求，全省金融机构因地制宜、因企施策，合理确定贷款期限、数量、利率、信用工具，降低准入门槛，创新了一批极具特色的信贷产品（见表 5.1）。例如，农行贵州省分行大力支持"公司+合作社"等模式，通过信用贷款以及土地经营权、养殖圈舍、大型养殖机械抵押等方式加大信贷投放；贵阳银行开发"农户小额贷款"和"农户产业贷款"等产品，更好支持小农户及产业农户发展；邮储银行省分行和农业银行省分行与省农业农村厅、省农担三方开展"新农直通车活动"，对信贷直通车名单内的家庭农场、农民专业合作社、农业龙头企业等新型农业经营主体金额为 10 万~100 万元的贷款，开展"见贷即保"；贵州农信针对 12 个农业特色优势产业推出了"贵椒贷""贵禽贷""黔猪贷"等产品，同时指导行社推出了"兴村贷""合兴贷""农民专业合作社贷款""合作贷"等特色信贷产品，有效增加和提升了新型农业经营主体金融服务覆盖面和可得性。

表 5.1　贵州省围绕新型农业经营主体的信贷产品创新（部分）

金融机构	代表性信贷产品创新
农发行贵州省分行	金特贷、金田贷、三变扶贫贷
农行贵州省分行	乡村振兴产业贷、黔菌贷、原料贷、农银兴黔产业贷
邮储银行贵州省分行	乡村振兴产业贷、林权抵押贷
中国银行贵州省分行	凉都猕猴桃振兴贷、方竹笋贷、烟农贷
贵州农信	贵椒贷、三变贷、兴村贷、农民专业合作社贷款
贵州银行	兴农贷、一码贷、烟商贷
贵阳农商银行	牧业活体抵押贷、生态林业贷、按揭农业贷、订单农业贷

资料来源：根据公开资料整理。

　　二是保险产品创新。在大力实施乡村振兴和加快农业保险高质量发展的大背景下，为充分发挥政策性农业保险的支农惠农作用，贵州省不断加大农业保险产品创新力度。从现阶段贵州省政策性农业保险产品种类来看，其基本涵盖了生产环节、加工环节、仓储环节、物流环节以及销售环节等农业全产业链条可能面临的各种风险，形成了分层次、多元化、高效率的品种体系，政策性农业保险正从"小农险"向"大农险"逐步迈进。一方面，由中央财政提供保费补贴的农业保险险种，贵州省原来只有2个，目前已经增加到11个；另一方面，贵州省依据农业特色优势产业发展的保险需求，设计开发了一系列地方特色农业保险险种。截至2021年底，贵州省开发的农业保险品种共计97个，相比2018年增加35个（见图5.5），基本覆盖农业主要产业，有效分散了新型农业经营主体面临的自然灾害和市场价格波动双重风险，发挥了为农业农村经济发展保驾护航的重要作用。

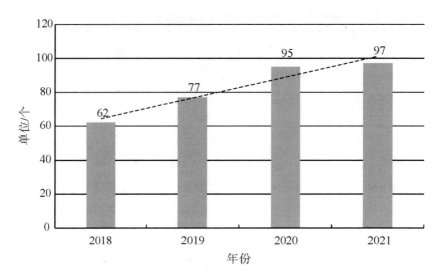

图 5.5　2018—2021 年贵州农业保险品种变化情况

（数据来源：根据公开资料整理）

三是证券产品创新。支持金融机构进行债务融资，推动金融机构债务融资市场创新，有利于金融机构拓宽资金来源，优化负债结构，增强金融服务实体经济的能力。近年来，中国人民银行贵阳中心支行注重发挥债券市场服务辖内实体经济的作用，支持和引导法人金融机构通过发行"三农"专项金融债、小微企业专项金融债、绿色金融债等方式筹集期限较长、成本较低的资金，切实增强金融服务"三农"、小微、绿色等实体经济重点领域的能力。截至 2021 年末，全省 9 家法人金融机构累计发行各类金融债券 418.74 亿元，品类涵括"三农"专项金融债、小微企业专项金融债、绿色金融债等，为金融机构支持社会经济发展重点领域行业提供了有力支撑。此外，在期货产品创新方面，贵州省不断加快农产品期货新品种研发，有效拓展了农产品期货业务范围。2021 年贵州共有 14 单"保险+期货"项目在大连商品交易所审批立项，立项数量在全国各省、自治区、直辖市排名第五，占全国立项数的 6.90%，合计为 3 519.56 吨生猪、2 648 吨鸡蛋、13 704 吨鸡饲料和 45 907 吨猪饲料提供价格保障[①]，为新型农业经营主体完善风险管理提供了重要渠道。

---

① 唐强. 资本活力赋能"黄金十年"贵州证监局：资本市场激发高质量发展澎湃动能［EB/OL］.（2022-10-14）［2024-12-27］.http://www.stcn.com/article/detail/700762.html.

五、金融技术推广应用加快

近年来，贵州省金融机构在完善农村金融服务的过程中，结合新型农业经营主体生产经营实际，积极推广应用先进的金融技术，不断为新型农业经营主体提供便捷高效的金融服务。

首先，在抵（质）押担保技术方面，通过积极运用区块链、物联网等技术，不断拓宽抵（质）押担保物范围，为不同类型的新型农业经营主体提供多元化、差异化的金融服务方案。2018年中国农业银行贵州省分行农权农地抵押交易系统上线，该系统充分运用分布式数据存储、点对点传输、共识机制、加密算法等区块链技术，确保了客户资料和抵押数据的安全性与可靠性，从根本上消除了农权农地被重复抵押交易的潜在风险，大大提高了办贷效率。基于该系统的首笔200万元区块链农地抵押贷款在遵义市湄潭县落地，这也是全国农行系统发放的首笔基于区块链技术的农地抵押贷款。平坝农信社以生物资产活体抵押为突破点，开展生猪活体抵押试点，充分应用智能耳钉、共享链服务器、远程监控分析等技术，通过物联网实现对生猪体征、位置、疫苗接种等信息的收集，依托区块链技术确保生物信息不可篡改，为保险机构从牲畜入栏到出栏提供全程保险保障，农信社依托监测信息及时提供信贷资金支持，有效解决了抵押资产监管难、农户资产抵押难、保险投保理赔难等问题，拓宽了新型农业经营主体资产担保范围。生物活体抵押贷款的做法已在余庆、镇远等县复制推广。

其次，在征信技术方面，通过探索信用大数据建设和大数据综合金融服务平台建设，不断改进征信技术，建立完善的信用评价指标体系，为更大限度地满足新型农业经营主体有效信贷需求提供决策依据。近年来，贵州省逐步把新型农业经营主体纳入征信体系，并对新型农业经营主体推广整村授信，实现全面建档评级授信。同时，中国人民银行贵阳中心支行引导金融机构运用大数据技术，优化新型农业经营主体授信和放贷流程。如贵州省联社研发的"农村信用工程系统"集微信小程序、客户经理办公App、后台管理PC端于一体，实现客户信息采集、评级授信、贷款管理等全流程移动化、电子化，提高贷款办理效率。此外，涉农金融机构通过整合信贷评级授信模型，逐步引入微贷技术，探索设计了诸多低成本、可复制、易推广、量体裁衣式的金融产品。例如，中国农业银行贵州省分行创新推出了包括"乡村振兴e贷""韭黄e贷""脱贫成效巩固提升e贷"等

79个子产品的"惠农e贷"产品包；贵州农信自主开发了"黔农e贷""黔农e付""黔农·普惠微贷"等产品，极大地提高了新型农业经营主体的金融服务获得感。

第二节 新型农业经营主体的金融服务供给问题

一、金融政策调控效用发挥不足

建立健全金融支持政策，充分发挥政策调控效用，是有效改善新型农业经营主体金融服务的基本前提和重要保障。自乡村振兴战略实施以来，贵州省出台了一系列金融政策和措施，用以扶持"三农"领域发展，使得新型农业经营主体金融服务供给不足的现象明显缓解。然而，现阶段贵州省这些金融支持政策在制定和实施过程中还存在一些问题，其对新型农业经营主体的服务效用还有待进一步发挥。通过对贵州281个新型农业经营主体的问卷调查（见图5.6）发现：有148个新型农业经营主体对政府现有的金融支持政策感到不满意或者非常不满意，占比高达52.67%；感到满意的新型农业经营主体仅有51个，占比约为18.15%；此外有82个新型农业经营主体对政府现有的金融支持政策感到一般，占比约为29.18%。整体而言，目前涉及新型农业经营主体的金融支持政策的调控效用发挥还存在一定不足。

从金融支持政策的现存问题来看，调查结果（图5.7）显示，政策宣传沟通不到位是金融支持政策的最大问题，认为存在这一问题的新型农业经营主体达到215个，占比高达76.51%，信息不对称现象较为严重。事实上，新型农业经营主体对相关金融支持政策的认知程度和接受程度直接关系到政策执行的广度和深度。金融支持政策一定要通过各种途径传播到新型农业经营主体，而非仅仅出现在会议文件中。有159个新型农业经营主体认为金融支持政策存在推广力度不足这一问题，占比达56.58%。结合实地调研发现，在现有金融支持政策的执行过程中，大多数优惠政策都会叠加支持那些品牌较响、规模较大以及效益较好的新型农业经营主体，而剩下的缺乏金融支持的新型农业经营主体则难以充分享受到相关优惠政策。此外，现有金融支持政策还存在政策兑现手续烦琐、政策执行渠道不完善以及政策实施风险监管能力不足等问题，这与金融支持政策自身不够完善和基层金融服务机构不足以及基层政府对非法集资、反洗钱、反诈骗等金融风险宣传不到位密切相关。

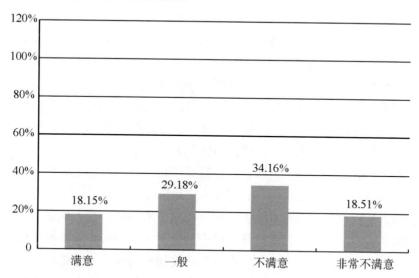

图5.6　样本新型农业经营主体对金融支持政策的满意度

（数据来源：根据调查问卷统计）

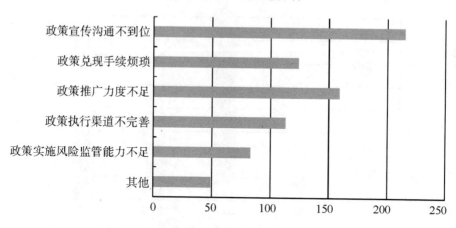

图5.7　样本新型农业经营主体相关金融支持政策的现存问题（多选）

（数据来源：根据调查问卷统计）

二、金融组织存在功能结构缺陷

农村金融组织的日趋完善可以为优化新型农业经营主体的金融服务供给提供重要保障。然而，与新型农业经营主体旺盛的金融服务需求相比，目前贵州省农村金融组织机制仍旧存在结构与功能两个方面的缺陷，进而难以为新型农业经营主体提供充足的金融服务供给。

一是结构缺陷。首先，农村正规金融组织与非正规金融组织的发展较不平衡。在贵州部分农村地区，政策性银行、商业性银行等正规金融组织有主动"边缘化"的趋势，而农信社由于自身组织运营并不规范，合作制多数流于形式，因而难以充当农村金融服务供给的"主力军"角色；相反，融资速度快、信息费用低以及资金利用率高的民间金融成为新型农业经营主体重要的金融服务供给渠道。其次，中小型金融机构与大型金融机构之间的发展极不平衡。现阶段，相比于大型金融机构在农村地区网点的收缩趋势，农村中小金融机构也存在数量不足、竞争不够充分的问题。从图 5.8 中贵州农村金融机构营业网点的变动情况可以看出，2019 年后小型农村金融机构和新型农村金融机构反而有减少的趋势，极大地制约了农村金融服务供给。此外，目前贵州农村金融组织体系中银行业机构依旧占据绝对主导地位，非银行业机构在农村地区发展极为缓慢，除银行产品与服务外，绝大多数新型农业经营主体难以有效接触其他类型的金融服务。

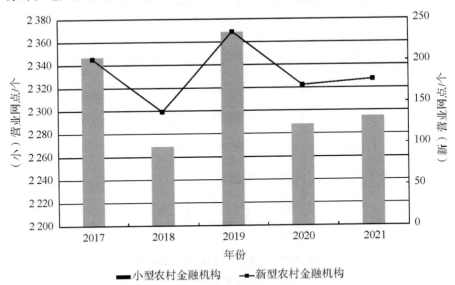

图 5.8　2017—2021 年贵州农村金融机构营业网点变动情况

（数据来源：2018—2022 年《贵州省金融运行报告》）

二是功能缺陷。所谓农村金融组织的功能缺陷，具体是指政策性金融机构、商业性金融机构与合作性金融机构之间的功能定位存在一定偏差。

从政策性金融来看，农业发展银行的资金来源不够稳定，业务范围狭窄，功能较为单一，商业化支持新型农业经营主体相对不足，亟待加快业务转型发展。同时，目前政策性保险业务均由商业性保险机构承办，亟待设立专门的政策性农业保险机构。从商业性金融来看，出于规避风险、提高资金运行效率的考虑，农业银行、邮储银行等农业商业性金融机构大大弱化了在农村领域的金融业务，这与现代农业发展的步伐不相匹配，迫切需要建立专业化的商业性金融机构，对新型农业经营主体提供有针对性的金融服务。从合作性金融来看，一方面，传统合作性金融机构（如农村信用合作社）向商业性金融机构转型发展的趋势较为明显；另一方面，农民专业合作社内部资金互助组织等新型农村合作金融机构起步较晚，普遍存在公信力不高、金融产品类别少、规模数量较小、资金来源不畅以及利率水平较高等问题，不能有效满足新型农业经营主体的金融服务需要。

三、金融市场发展动力不足

近年来，随着贵州新型农业经营主体对金融服务需求层次的不断升级，其参与金融活动的方式也逐步多样化，由此一方面迫切需要加快发展金融市场总量，另一方面也要持续调整优化金融市场结构。现阶段，贵州农业信贷市场、保险市场以及资本市场尚存在供给不足的问题，不利于新型农业经营主体的培育壮大。

一是农业信贷市场供给不足。以农业信贷市场为主导的间接融资体系是目前缓解新型农业经营主体"融资难"的主要渠道。随着生产经营涉及面越来越广、产业链条越来越长，新型农业经营主体对资金的需求也越来越大。近年来，贵州涉农贷款总量经历了快速增长，但真正惠及新型农业经营主体的数量较少，难以满足新型农业经营主体发展需要。以涉农贷款余额排在全省银行业首位的贵州农信为例，截至2022年6月末，该行累计为全省7.7万个新型农业经营主体授信，授信总额达372.69亿元，为4.91万个新型农业经营主体发放贷款，贷款余额为205.79亿元，新型农业经营主体贷款余额占涉农贷款余额的比重仅为4.83%。同时，随着新型农业经营主体的生产经营方式转变，其对贷款需求的期限总体上呈现出"中长期化"的趋势。然而目前涉农贷款具有明显的"短期化""小额化"特征，即主要为短期的小额信贷，涉农长期大额贷款极为缺乏。为此，部分新型农业经营主体不得不耗费高昂成本从非正规金融机构获得资金支持，以满足生产经营需要，但这无疑会增加其生产经营的成本压力。

二是农业保险市场供给不足。目前贵州农业保险市场，无论是与发达省份的发展水平相比，还是与省内现代农业发展的实际需求相比，均存在十分明显的差距，远远不能满足新型农业经营主体对农业保险产品的差异化与多元化需求。首先，贵州农业保险的保障程度较低。虽然目前贵州农业保险的覆盖面较大，基本覆盖了 12 个农业主导产业，但是这些产业在不同区域之间获得的保险保障程度并不一致，并且总体投保率还有非常大的提升空间。与此同时，没有被纳入农业主导产业的诸多特色产业则依旧面临风险裸露的问题（余艳，2021）。其次，贵州农业保险发展深度有待挖掘。成本保险是现阶段贵州农业保险的主要险种，完全靠农业经营主体自费投保的业务比例还很低。从农业保险深度（农业保险保费/第一产业增加值）（见图 5.9）来看，2017—2021 年贵州农业保险深度从 0.41%提高到 0.64%，但仍然未能突破 1%的水平。同时，贵州农业保险深度与全国平均水平也存在明显差距，且这种差距有扩大的趋势。再次，贵州农业保险的服务水平有待提升。目前，贵州农业保险基层服务能力整体较弱，基层服务网点与服务人员的严重缺失，导致一些农业保险公司不仅在产品业务方面无法拓宽，在理赔效率方面也难以提升，极大地制约了农业保险服务水平的提升。

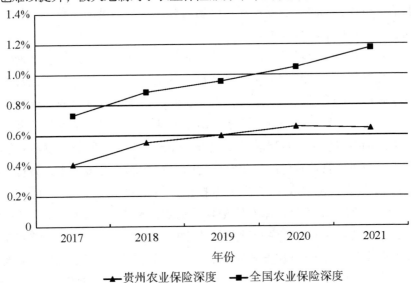

图 5.9　2017—2021 年贵州和全国农业保险深度变动情况

（数据来源：EPS 数据库）

三是农业资本市场供给不足。随着一些新型农业经营主体的日益成熟，其开始运用资本市场工具，以弥补间接融资市场的金融服务不足。然而，由于资本市场较高的准入门槛，目前贵州新型农业经营主体较少通过资本市场进行融资。在股票市场方面，目前贵州上市企业数量少，与全省生产总值不匹配，而涉农企业上市数量更少，上市后备资源缺乏，达到上市标准的农业产业化企业少。其原因主要在于：一方面，现有资本市场"IPO"（首次公开募股）审批制度存在诸多缺陷，一些特色优势明显、发展潜力大的涉农企业难以发掘出来；另一方面，农业产业化企业难以享受到来自各级政府充足的政策支持，其发展壮大的步伐较慢，无法达到资本市场的要求。在债务市场方面，目前有 2 756 家中小微企业在贵州股权交易中心挂牌，其中 315 家是农林牧渔业企业，但是成功发行可转债和私募债进行债务融资的农业产业化企业还比较少。在期货市场方面，近年来贵州积极推动新型农业经营主体运用期货工具锁定农业风险，创新推出了"保险+期货"等服务模式。在这种模式中，保险公司为新型农业经营主体提供收入保险产品或者价格保险产品，期货公司则在期货市场上对保险产品的风险进行有效分散。然而，目前贵州农产品期货市场整体发展水平较低，期货市场容量较小，期货合约活跃性较差，风险控制能力较弱。虽然开发了鸡蛋、生猪等"保险+期货"项目，但品种仍然比较单一，无法同新型农业经营主体多样化与个性化的需求相匹配。与此同时，大多数新型农业经营主体风险意识薄弱，配合积极性较差，从而制约了"保险+期货"模式的大规模应用。

四、金融产品的适配性有待提高

随着新型农业经营主体的不断发展，各地区、各金融机构持续加快金融产品创新步伐，并且取得了一定成效。然而，目前涉农金融产品整体上还存在针对性不强、多样化不足、获取程序烦琐等问题，不能很好适应不同地区、不同类型以及不同生产环节的新型农业经营主体的现实需要。

一是缺少针对新型农业经营主体的金融产品和服务。目前农村金融服务主要为贷款业务，该业务受传统金融模式和服务理念的影响较深，因而在利率定价水平、抵押担保条件以及服务方式等方面存在着明显不足，贷款产品创新力度和服务方式难以跟上新型农业经营主体快速发展的步伐。尽管许多商业银行开发了专门的贷款产品用以支持新型农业经营主体，然而这些贷款产品依旧存在覆盖深度较浅、覆盖面过窄以及功能趋同等问题，仅有很少一部分新型农业经营主体享受到，能复制、易推广、可持续的金融产品有待进一步挖掘。再加上信息不对称导致新型农业经营主体对贷款产品的了解程度比较低，最终使新型农业经营主体仍然难以获得充足的贷款支持。通过对贵州 281 个新型农业经营主体的问卷调查（见图5.10）发现，有 87 个新型农业经营主体认为在融资过程中存在"不了解贷款形式"这一障碍，占比达 30.96%，这也是导致与新型农业经营主体匹配的金融产品数量较少的重要原因。同时，随着新型农业经营主体的深入发展，其金融服务需求层次也将逐步升级，除了日常生产经营产生的信贷需求外，还会产生担保、保险、债券、期货等需求，但目前涉农金融机构在这些方面的创新能力依然偏弱，难以有效满足新型农业经营主体的多层次金融需求。由此可以看出，能否提供"量身定制"的金融产品和金融服务，是影响新型农业经营主体培育壮大的重要因素。

二是新型农业经营主体获取金融产品的程序烦琐。以商业银行贷款为例，本书课题组通过调查发现，尽管一些银行面向新型农业经营主体提供了"线上贷款"服务，然而依旧需要大量的支撑材料和严苛的信用评级。近年来，随着新型农业经营主体的大规模涌现，金融机构普遍来不及对其开展完善的信用评级工作。同时，由于盈利能力并不乐观，金融机构对一些新型农业经营主体的还款能力缺乏信心，导致信用评级过于审慎，整个贷款流程可能耗时半年左右，无法有效匹配新型农业经营主体的融资周期。另外，金融机构出于风险控制需要，其在设计金融产品时往往会对抵（质）押担保条件做出严格要求，并且附有较为烦琐的抵（质）押、保证等手续。但是农民专业合作社、种养大户以及家庭农场大多缺乏有效的抵（质）押物和担保人，导致金融产品设计与新型农业经营主体实际需求难以有效对接。以贵阳市某家商业银行推出的农民专业合作社贷款为例，如果贷款金额高于 50 万元，就必须提供抵（质）押担保和担保人，这显然与普通的商业贷款产品没有明显区别，类似的"金融创新"也为新型农业经营主体获取金融产品和服务设置了极大的障碍。

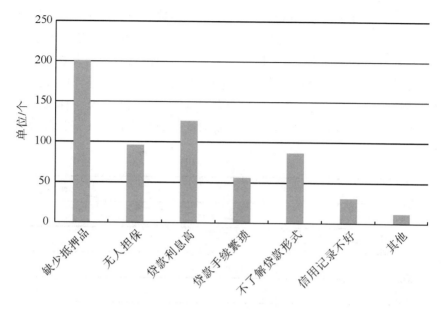

图 5.10　样本新型农业经营主体的融资障碍（多选）

（数据来源：根据调查问卷统计）

五、金融技术创新相对滞后

先进完备的金融技术支持是持续优化新型农业经营主体金融服务的前提条件。近年来，随着大数据、区块链、人工智能以及云计算等现代信息技术在金融领域的广泛应用，贵州数字金融发展水平有了明显提升。从图5.11可以看出，2017—2021年贵州数字金融发展水平由251.46提高到340.80，年均增长率达7.90%。然而，与同时期全国数字金融水平的平均值相比，贵州数字金融水平仍然存在明显差距。可见，贵州金融技术创新力度相对于发达省份还较为滞后，具体而言：首先，产品定价技术创新较为滞后。从农村金融产品定价技术来看，与城市金融产品定价技术没有本质区别，并未结合农村金融服务对象的特点构建起差异化的金融产品定价技术体系。由此，针对新型农业经营主体的金融产品定价多数采取"一刀切"或者"简单加点"的定价手段，导致一些资信较好的经营主体难以获得价格优惠，资信较差的新型农业经营主体反而获得价格优惠，最终助长农村金融风险的积累。其次，抵（质）押技术创新速度慢、范围窄。新型农业经营主体的应收账款、生产厂房、大型农机具以及养殖大棚等原本都能质押，然而目前质押评估技术普及率低，多数金融机构因评估、监督和风控能力有限，无心承接此类业务。最后，风险识别与控制技术创新不足。目前贵州新型农业经营主体生产经营和信用信息尚未纳入农村征信体系，导致金融服务供给者与需求者之间存在信息不对称，进而引发逆向选择和道德危险。在此情形下，涉农金融机构对新型农业经营主体的潜在风险难以识别，再加上涉农金融机构自身对征信数据进行搜集、分析与利用技术落后，最终会阻碍融资交易的达成。

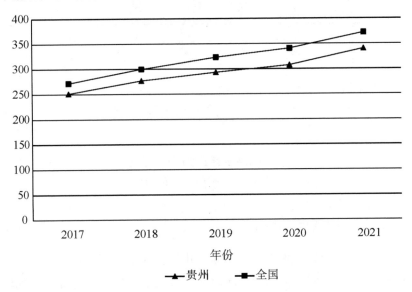

图 5.11　2017—2021 年贵州和全国数字金融水平变动情况

（数据来源：北京大学数字金融研究中心）

第三节　本章小结

本章借助描述性统计方法与典型案例分析方法，全面分析了贵州新型农业经营主体的金融服务供给现状，结果发现：目前贵州面向新型农业经营主体的金融政策体系持续健全，金融组织机制日趋完善，金融市场发展成效明显，金融创新产品形式多样，金融技术推广应用加快。在此基础上，从金融政策调控效用发挥不足、金融组织存在功能结构缺陷、金融市场发展动力不足、金融产品的适配性有待提高以及金融技术创新相对滞后等方面，系统剖析了贵州新型农业经营主体金融服务供给存在的主要问题，找到了症结所在，为后续科学设计贵州新型农业经营主体培育的金融服务体系优化路径奠定了坚实基础。

第六章 乡村振兴背景下新型农业
经营主体的金融服务成效实证检验

从对乡村振兴背景下贵州新型农业经营主体的金融服务供需现状及问题的分析可知，在贵州新型农业经营主体培育过程中存在着明显的金融服务供需失衡。为了检验贵州新型农业经营主体培育过程中的金融服务成效，本章利用贵州新型农业经营主体微观调研数据，构建结构方程模型，从金融服务需求和金融服务供给的异质性视角出发，定量测度金融服务对贵州新型农业经营主体培育效果的影响，以期能够有针对性地改善金融服务供需环境，促进新型农业经营主体的培育壮大。

第一节 研究方法与研究假设

一、模型设定与方法说明

（一）结构方程模型设定

结构方程模型本质上属于多变量统计分析，不仅可以对抽象概念进行估计和检验，还能够构建变量之间的因果关系。结构方程模型结合了因素分析与路径分析两种方法，同时对模型包含的显性变量、潜在变量、干扰项或误差项之间的关系进行系统检验，得到自变量影响因变量的具体效果，以及潜在变量与显性变量、潜在变量与潜在变量之间的关系。

结构方程模型具体包括两个构成部分：测量模型与结构模型。首先，测量模型部分描述了潜在变量与观测变量之间的线性关系，用于揭示不可观察与可观察变量间的关系；其次，结构模型部分界定了潜在自变量与潜在因变量之间关系，用以揭示不可观测变量之间的关系。测量模型的具体方程一般设定如下：

$$x = \Lambda x \xi + \delta \tag{6.1}$$

$$y = \Lambda y \eta + \varepsilon \tag{6.2}$$

式中，x、y 分别为外源指标和内生指标组成的向量；Λx 为外源指标与外源潜变量之间的关系；Λy 为内生指标与内生潜变量之间的关系；δ、ε 分别为外源指标 x 与内生指标 y 的误差项。结构模型的具体方程一般设定如下：

$$\eta = B \eta + \Gamma \xi + \zeta \tag{6.3}$$

式中，η、ξ 分别为内生潜变量和外源潜变量；B 为内生潜变量之间的关系；Γ 为外源潜变量对内生潜变量的影响；ζ 为结构方程的残差项。现阶段在运算求解结构方程模型时，广泛借助的计算软件包主要有 Amos、LIS-REL、EQS 以及 MPlus。

（二）结构方程模型分析方法

首先，对结构方程模型进行建构。在开展结构方程模型分析之前，根据相关理论或研究成果，本书需要构建一个初始的理论模型，其中包括确定变量的数量，明确观测变量与潜在变量之间的关系，以及各个潜在变量之间的相互关系。这一步骤旨在形成对模型结构的初步设想，为后续的模型估计打下基础。

其次，对结构方程模型进行适配。在结构方程模型的分析中，本书寻求通过求解方程来估计模型参数，以实现样本协方差矩阵与模型隐含的协方差矩阵之间的差异最小化。当前结构方程模型中普遍采用的方法是最大似然估计（MLE）和广义最小二乘法（GLS）。

再次，对结构方程模型进行评价。即对结构方程模型与数据之间是否适配进行评价。一般而言，模型适配度越高，参数估计值越有意义。关于结构方程解的合适性，主要通过整体适配度检验进行判断。

最后，对结构方程模型进行修正。如果结构方程模型适配数据不佳，就需要通过删除、增加或修改参数的方式对模型进行修正。通常而言，可以根据统计输出的改善模型适配度的统计量对结构方程模型进行修正。

二、理论分析与假设提出

新型农业经营主体作为乡村振兴的主力军，近年来呈现出良好的发展态势，其数量不断增加，规模持续壮大，涉及领域越来越广，竞争实力也明显提升。与传统农业经营主体相比，新型农业经营主体对资本和劳动力等生产要素的需求量较大，仅靠其自身资本难以维持，迫切需要外部资金的投入，特别是金融服务体系的支持。通过梳理已有文献，本书将金融服务体系层面影响新型农业经营主体培育情况的因素主要概括为以下两个方面：

一是金融服务供给。农村金融是现代农村经济的核心，完善的农村金融体系不仅能够促进农业资本形成与资本积累，还可以起到分散存在于生产和经营等过程中的自然风险和市场风险的作用。因此，在各个国家或地区改造传统农业和发展农村经济的过程中，金融普遍被视为重要手段（张露、古小刚，2016）。然而，现阶段农村金融供给面临若干挑战，包括供给结构欠佳、效率偏低以及获取资金的机会不足等问题。具体表现在以下几个方面：首先，在金融资源配置中广泛存在的"马太效应"推动了资金由"乡"入"城"的单向流动（周天芸、刘虹、杨海洋，2018），城乡之间的信贷资源存在明显"错配"；其次，追逐利润是资本的本性，同时金融机构出于对管理风险和控制成本方面的考虑，其在为农村客户群体提供金融服务时，更多地瞄准农业产业化组织、专业大户以及收入相对较高的农户；最后，鉴于农业投资普遍存在的"利润薄""周期长""回收慢"等特征（蔡键、林晓珊、米运生，2019），在数字金融的可及性、易得性方面还存在一定障碍。由既有研究可知，目前新型农业经营主体的信贷需求较为旺盛。在满足借贷条件基础上，金融机构扩大对新型农业经营主体的信贷资金投放规模，以及调整优化金融机构借贷条件将有利于提升新型农业经营主体的培育效果。综上所述，本章从总体借款规模、银行贷款规模、农业保险购买以及贷款机构选择等方面来综合反映新型农业经营主体面临的金融服务供给。

二是金融服务需求。金融服务需求会对金融服务供给侧的改革方向起到决定性作用。因此，充分了解和掌握新型农业经营主体在融资规模、融资途径以及融资成本方面的需求，对于进一步深化农村金融服务体系改革至关重要。相比于传统农业经营主体，现阶段新型农业经营主体在金融服务需求方面呈现出数量增加、用途拓宽、方式灵活以及层次升级等新的特征。然而，长期以来，农村地区存在的金融抑制问题制约了农村金融的快速发展（赵雨舟、王文华、赵丽锦，2022）。具体表现在以下几个方面：首先，农村金融服务体系尚不完善，由此产生了信贷"高门槛"效应，使得新型农业经营主体难以向正规金融机构申请借贷，其信贷要求无法得到满足（张乐柱、王剑楠，2022）。其次，由于城乡金融发展差异的存在，大量信贷资金被投入到城市和工商业发展领域，导致正规金融资金供给无法满足农村发展需要。迫于无奈，部分新型农业经营主体只能通过非正规金融机构的资金借贷来满足短期生产经营需求，导致农村地区非正规金融渠道和意识蔓延，挤占了农村金融市场，导致金融有效需求不足。而且非正规金融贷款利率普遍较高，增加了新型农业经营主体的经营成本，从长期看，不利于新型农业经营主体的发展。此外，农村金融服务需求方存在"精英俘获"（唐弋夫、杨苗、唐德祥，2022），即在农村地区，一些社会关系较广、经济实力雄厚的农户利用自身优势，占有了有限的金融资源，普通农业经营主体的金融服务需求难以得到有效满足。显然，"融资难"问题已经成为新型农业经营主体培育过程中的最大障碍，探讨正规融资途径、融资方式以及非正规融资发展具有重要意义。综上所述，本章从民间借贷利率、民间借贷方式、民间借贷规模以及正规贷款利率等方面来综合反映新型农业经营主体的金融服务需求。

综合上述观点，本书初步提出以下假设：

假设 1：无论是金融服务供给还是金融服务需求，均对新型农业经营主体培育效果产生正向影响。

假设 2：相比于金融服务需求，金融服务供给对新型农业经营主体培育效果的正向影响更大。

第二节 研究样本与数据特征

一、数据来源与样本特征

2022 年，本书课题组对贵阳、遵义、铜仁、毕节、黔东南、黔西南 6 个地级市（民族自治州）的 29 个乡镇的新型农业经营主体进行了实地走访和问卷调研。课题组采用专业调研员"一对一"访谈的方式，对新型农业经营主体的相关负责人进行了调查。问卷由调查人员代为填写，以保证调研数据的真实性和可靠性。经过数据处理和分析，共获得有效问卷 281份，表 6.1 列示了样本描述性统计结果。在研究样本中，男性占据了主导地位，共有 246 人，占总数的 87.54%，而女性则仅有 35 人，占总数的

12.46%；样本年龄范围广泛，从 22 岁至 66 岁不等，平均年龄约为 46 岁；样本文化程度主要为初中文化和高中文化，占总体人数的比重分别为 29.54% 和 26.33%，受过高等教育（大专及以上）的被调查者占比为 24.20%。

表 6.1 样本描述性统计

变量	变量含义	样本量	比例/%
性别	男	246	87.54
	女	35	12.46
年龄	30 岁以下	18	6.41
	30~40 岁	65	23.13
	40~50 岁	140	49.82
	50~60 岁	46	16.37
	60 岁及以上	12	4.27
文化程度	小学及以下	56	19.93
	初中	83	29.54
	高中（含高职）	74	26.33
	大专	36	12.81
	本科及以上	32	11.39

二、变量设计及描述性统计

金融服务供给、金融服务需求与新型农业经营主体培育效果是本章的核心变量，但这些变量均为无法直接观测的变量或理论变量，故将其设定为潜在变量。依据前文的理论分析和调研问卷，金融服务供给以总体借款规模、银行贷款规模、农业保险购买以及贷款机构选择 4 个观测变量来反映；金融服务需求以民间借贷利率、民间借贷规模、民间借贷方式以及正规贷款利率 4 个观测变量来反映；新型农业经营主体培育效果以吸纳农户数量、整体种植面积以及年均营业利润 3 个观测指标来反映。表 6.2 列示了变量设计及描述性统计结果。

表 6.2　变量设计及描述性统计

潜在变量	观测变量	定义	均值	标准差
金融服务供给	总体借款规模 X_1	≤10万=1；10万~30万=2；30万~60万=3；60万~100万=4；≥100万=5	2.35	1.09
	银行贷款规模 X_2	≤10万=1；10万~30万=2；30万~60万=3；60万~100万=4；≥100万=5	2.01	1.14
	农业保险购买 X_3	是=1；否=0	0.41	0.32
	贷款机构选择 X_4	同意=1；不同意=0	0.36	0.13
金融服务需求	民间借贷利率 X_5	≤3%=1；3%~5%=2；5%~8%=3；8%~10%=4；≥10%=5	2.30	1.19
	民间借贷规模 X_6	≤10万=1；10万~30万=2；30万~60万=3；60万~100万=4；≥100万=5	1.29	0.84
	民间借贷方式 X_7	同意=1；不同意=0	0.31	0.11
	正规贷款利率 X_8	≤3%=1；3%~5%=2；5%~8%=3；8%~10%=4；≥10%=5	2.41	1.17
新型农业经营主体培育效果	吸纳农户数量 Y_1	≤10户=1；10~30户=2；30~60户=3；60~100户=4；≥100户=5	1.75	1.01
	整体种植面积 Y_2	≤30亩①=1；30~50亩=2；50~80亩=3；80~100亩=4；≥100亩=5	2.17	1.31
	年均营业利润 Y_3	≤10万=1；10万~30万=2；30万~60万=3；60万~100万=4；≥100万=5	1.82	1.13

注：①1亩≈666.67平方米。

为了更详细地描述表6.2中 X_4 和 X_7 的赋值情况，这里以观测变量 X_4 "贷款机构选择"为例进行说明。在调研问卷中，使用3个题项来评估受访者对于从中国农业银行、农村信用社以及中国农业发展银行获取贷款的选择。3个题项的赋值分别用 X_{4-1}、X_{4-2} 和 X_{4-3} 表示，而 X_4 则代表了贷款机构选择的总体赋值。受访者在选择某个选项时，会将对应的赋值记为1，未选择记为0。对于问卷中的缺失值，采用数列的平均数进行填补。最后，利用公式（$X_{4-1} + X_{4-2} + X_{4-3}$）／3 计算出观测变量 X_4 的总体赋值。观测变量 X_7 的赋值原理与 X_4 保持一致。

第三节　研究样本科学性检验

一、量表信度与效度检验

本章借助 SPSS 22.0 对调研问卷的信度和效度进行检验，以验证前文选取变量的有效性与可靠性。首先，为了检验调研问卷的信度，本章采用克隆巴赫 α 系数对调研题目的内部一致性进行估量。当 $\alpha < 0.35$ 时，属于低信度；当 $0.35 \leq \alpha < 0.70$ 时，属于一般信度；当 $\alpha \geq 0.70$ 时，属于高信度（荣泰生，2010）。从表 6.3 的检验结果来看，金融服务供给的 α 值为 0.586，金融服务需求的 α 值为 0.562，新型农业经营主体培育效果的 α 值为 0.659，均达到了一般信度水平；与此同时，11 个观测指标总体的 α 值高达 0.782，具备较高信度，因而满足理论要求。

表 6.3　潜在变量的信度分析

潜在变量	克隆巴赫 α 系数
金融服务供给	0.586
金融服务需求	0.562
新型农业经营主体培育效果	0.659

在信度检验的基础之上，本章接下来利用 KMO 检验统计量对调研问卷的效度进行检验。通过计算发现 KMO 统计值为 0.835，与此同时，方差累计贡献率高达 73.419%，这意味着调研问卷也顺利通过了效度检验。信度检验和效度检验结果表明，本章使用的调研问卷与观测指标性质较为良好，可以进行后续结构方程模型的估计。

二、模型整体适配度检验

在分析结构方程模型的估计结果之前，首先需要对结构方程模型的适配度进行检验，以确保模型估计结果的有效性。在对结构方程模型进行整体适配度检验时，重点关注以下三大类指标：一是简约适配度指标，包括误差函数的最小值与自由度之比（CMIN/DF）、拟合优度指数（PGFI）和简约赋值指数（PNFI）；二是增值适配度指标，包括规范拟合指数（NFI）、增量拟合指数（IFI）和比较拟合指数（CFI）；三是绝对适配度指标，包括拟合优度指数（GFI）、调整的拟合优度指数（AGFI）和近似误差均方根（RMSEA）。从结构方程模型整体适配度检验结果（见表 6.4）来看，无论是简约适配度指标还是增值适配度指标抑或是绝对适配度指标，其实际拟合值均达到或接近理想水平，符合预期假设，证实了假说模型构建的合理性，也反映出结构方程模型整体拟合优度较好。

表 6.4 结构方程模型整体适配度检验结果

	实际拟合值	检验标准	拟合结果
简约适配度指标			
CMIN/DF	2.419	1<CMIN/DF<3	理想
PGFI	0.701	>0.5	理想
PNFI	0.684	>0.5	理想
增值适配度指标			
NFI	0.811	>0.8	理想
IFI	0.876	>0.9	接近
CFI	0.862	>0.9	接近
绝对适配度指标			
GFI	0.871	>0.8	理想
AGFI	0.859	>0.8	理想
RMSEA	0.073	<0.08	理想

第四节 模型估计与结果分析

一、假设验证及金融服务路径分析

基于结构方程模型良好的效度、信度和适配度，本节进一步采用AMOS 软件定量测度金融服务供给和金融服务需求对新型农业经营主体培育效果的影响路径（见图 6.1），考察各个观测变量对潜在变量的作用程度，与此同时，依据实证分析结果对前文提出的研究假设进行验证。AMOS 软件借助极大似然估计法（MLE）对数据和模型进行检验，表 6.5显示了采用 AMOS 软件计算得到的结构方程模型变量间的回归分析结果。

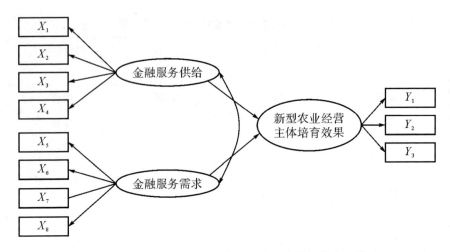

图 6.1　新型农业经营主体培育效果影响因素的结构方程模型图

表 6.5　结构方程模型回归分析结果

影响路径	非标准化路径系数	标准化路径系数	C.R	P 值
经营主体培育效果←金融服务供给	0.401	0.612	3.641	＊＊＊
经营主体培育效果←金融服务需求	0.210	0.197	0.709	0.324
X_1←金融服务供给	1.000	0.854	—	—
X_2←金融服务供给	1.021	0.811	9.945	＊＊＊
X_3←金融服务供给	0.086	0.074	1.318	0.201
X_4←金融服务供给	0.094	0.082	0.841	0.332
X_5←金融服务需求	1.000	0.517	—	—
X_6←金融服务需求	0.841	0.816	3.954	＊＊＊
X_7←金融服务需求	0.046	0.081	1.501	0.132
X_8←金融服务需求	0.897	0.825	5.247	＊＊＊
Y_1←经营主体培育效果	1.000	0.662	—	—
Y_2←经营主体培育效果	1.101	0.597	5.628	＊＊＊
Y_3←经营主体培育效果	1.292	0.787	5.653	＊＊＊

　　注：①带"—"的三条路径表示它们用来作为参数估计的基准，系统进行估计时将它们视为显著路径，用于判断其他路径的显著性；②＊＊＊、＊＊分别表示在1%、5%的水平上显著。

从结构方程模型回归分析结果可以看出，在两个潜在变量中，金融服务供给对新型农业经营主体培育效果具有显著的正向影响；而金融服务需求对新型农业经营主体培育效果的影响在统计上不显著，但其标准化路径系数均为正数，这一结果部分验证了前文提出的研究假设 1。而通过变量的显著性也进一步验证了假设 2，即金融服务供给对新型农业经营主体培育效果的正向影响大于金融服务需求。在验证前文提出的两个研究假设后，本节进一步剖析金融服务供给、金融服务需求对新型农业经营主体培育效果的具体影响，以及金融服务供给、金融服务需求、新型农业经营主体培育效果受各观测变量的影响大小。

一是金融服务供给、金融服务需求对新型农业经营主体培育效果的影响。结果表明，金融服务供给对新型农业经营主体培育效果的影响较大，其标准化路径系数为 0.612，并且通过了 1% 的显著性水平检验，表明金融服务供给在当前贵州新型农业经营主体培育过程中发挥着重要作用。从现实情况来看，新型农业经营主体如果仅仅依靠自有资金，难以有效扩大生产经营规模和提高生产经营效益，因而有必要借助正规金融机构提供的信贷资金。金融服务需求对新型农业经营主体培育效果的影响相对较小，其标准化路径系数为 0.197，反映出当前贵州农村金融服务还存在明显的"需求抑制"特征。从观测变量来看，本书构建的金融服务需求变量侧重反映新型农业经营主体从非正规金融渠道获取贷款的能力，其中的金融机构贷款利率则是一个反向测度指标，金融机构贷款利率越高，意味着新型农业经营主体对非正规渠道的金融服务需求越多。然而，目前非正规金融尚存在利率较高的问题，在某种程度上也对新型农业经营主体的非正规金融服务需求产生了抑制作用。

二是金融服务供给、金融服务需求、新型农业经营主体培育效果受观测变量的影响。各个观测变量对潜在变量的影响大小可以通过标准化路径系数反映出来。为此，本节进一步通过对比观察标准化路径系数，选择出最能反映金融服务供给、金融服务需求与新型农业经营主体培育效果的因素。其中，借款规模总量（0.854）和银行贷款规模（0.811）能够较好反映金融服务供给情况，其标准化路径系数远远高于另外两个观测变量（贷款机构选择和农业保险购买）；民间借贷利率（0.517）、民间借贷规模（0.816）和正规金融机构贷款利率（0.825）能够较好地反映金融服务需求情况，且正规金融机构贷款利率（0.825）最能反映金融服务需求；吸纳农户数量（0.662）、整体种植面积（0.597）、年均营业利润（0.787）都可以反映新型农业经营主体培育效果，且年均营业利润（0.787）最能反映新型农业经营主体培育效果。

二、金融服务供需矛盾分析

在明确最能反映潜在变量的观测变量之后，本节进一步讨论金融服务供给与金融服务需求之间的现存矛盾。

首先，从金融服务供给来看，新型农业经营主体的借贷规模总量与银行贷款规模最能反映金融服务供给状况，且对新型农业经营主体培育效果具有显著的正向影响，该结论与当前贵州新型农业经营主体的发展现实相符。与传统普通小农户不同，新型农业经营主体的生产经营规模较大，所需资金也相对较多，单纯依靠自有资金难以有效满足其发展需求。在此情形下，银行贷款便成为新型农业经营主体获取资金的重要渠道。但在实地调研各市、州新型农业经营主体后发现，目前贵州新型农业经营主体获取银行贷款的整体情况不太乐观，尚有比较多的新型农业经营主体存在"融资难、融资贵"等问题。同时，新型农业经营主体选择哪种金融机构贷款对其培育效果没有显著影响，表明在选择具体的贷款银行方面，新型农业经营主体并没有倾向性，这也从侧面体现出银行业对新型农业经营主体的贷款供给不足，抑制了其对金融服务的有效需求。此外，新型农业经营主体购买农业保险情况对其培育效果不显著。其原因主要在于，目前农业保险还普遍存在险种较少、费率较高以及理赔困难等问题，导致很多经营主体放弃购买农业保险。农业保险较低的覆盖率使得新型农业经营主体缺乏风险保障，进而导致银行业不愿意为其提供贷款以规避风险，最终会进一步加剧金融服务供需不平衡的矛盾。

其次，从金融服务需求来看，由于正规金融机构"高门槛"的贷款条件，正规金融服务供给难以满足新型农业经营主体的金融服务需求，因此推动了非正规金融在农村地区的发展，并逐渐成为新型农业经营主体融资的重要补充渠道。与正规金融渠道相比，从非正规金融渠道获得贷款较为灵活，因为其主要依靠新型农业经营主体负责人的社会资本来维持，比如负责人在村（社区）两委的任职、人际关系网以及信息掌握情况等。从回归结果可以看出，民间借贷规模（0.816）和民间借贷利率（0.517）能够显著反映新型农业经营主体的金融服务需求，表明在目前的农村金融服务市场中，非正规金融占据着较为重要的份额。当然，金融机构借贷利率才是最能反映新型农业经营主体金融服务需求的因素，而根据问卷调查结果，新型农业经营主体向正规金融平均借贷规模是向非正规金融平均借贷规模的 3.5 倍以上。同时在访谈中发现，尽管非正规金融发展可以在一定程度上削弱新型农业经营主体对正规金融的需求，但非正规金融的借贷资金一般也较为有限，难以满足新型农业经营主体的资金需求。另外，相比非正规金融渠道，正规金融贷款合同更加完备，法律保障更强，安全可靠性更高。综上所述，正规金融渠道和非正规金融渠道均存在一些问题，从而从整体上也反映出新型农业经营主体在金融服务方面的供需矛盾。

第五节　本章小结

本章以金融服务供给与需求之间存在的矛盾为出发点，将影响贵州新型农业经营主体培育效果的因素归纳为金融服务供给、金融服务需求两类，并采用结构方程模型对比分析上述两个潜在变量对新型农业经营主体培育效果的影响。研究发现，无论是金融服务供给还是金融服务需求，均对新型农业经营主体培育产生正向作用；相比金融服务需求而言，金融服务供给是新型农业经营主体培育效果的主要影响因素，即在新型农业经营主体培育过程中，金融服务供给的正向作用大于金融服务需求；新型农业经营主体的金融服务需求较大，但"融资难、融资贵"等问题严重阻碍了正规金融服务供给，导致金融服务供需矛盾较为显著。

第七章 乡村振兴背景下新型农业经营主体培育的金融服务体系优化总体构想

充分释放金融服务体系优化对贵州新型农业经营主体培育的作用与潜力，不仅要充分了解贵州新型农业经营主体培育过程中存在的金融服务供需失衡现象，还要在此基础上明确金融服务体系优化的总体思路，从而为相应的路径设计与政策供给提供基本遵循。本章基于前述章节的理论分析、事实判断以及实证结论，重点就贵州新型农业经营主体培育的金融服务体系优化指导思想、目标定位以及基本原则进行系统阐释。

第一节 新型农业经营主体培育的金融服务体系优化指导思想

要实现贵州新型农业经营主体培育的金融服务体系优化，满足新型农业经营主体的金融资本需求，关键是构建完善的金融制度。然而，创新制度环境的核心是要合理调节政府与市场的关系。首先，应当让市场起决定性作用，市场是讲究"竞争"的，通过市场"这只看不见的手"主导资源配置，促使金融资本流向最有效利用的人手中，解决资源配置"效率"问题；其次，应充分发挥政府的基础支撑作用，政府为金融服务体系的优化提供基础设施、公共服务等，干预金融风险，而并非借"市场化"之名推卸主体责任，从而解决资源配置的"公平"问题；最后，还应注重市场与政府的有机结合，根据新型农业经营主体对金融的多样化需求不断调整金融供给机制，在政府有限调控的基础上，改变市场竞争的初始条件，并用竞争手段解决经济问题，兼顾社会公平与竞争。

一、充分发挥市场机制的决定性作用

市场决定资源配置是市场经济的一般规律，理论和实践均证明市场配置资源是最有效率的一种方式。市场经济区别于计划经济，是世界经济体中最常见的经济模式。在市场经济体制下，经济活动主要是由市场力量决定的，市场能够通过价格变化，及时、准确、灵敏地反映供求关系变化，为市场参与者提供供求信号，间接调整资源配置，实现资源的有效分配和高效利用。市场机制所带来的积极效应不可忽视。一方面，市场通过内在的供求机制、价格机制、竞争机制，有效激发市场活力，带动市场资源合理有效竞争，提高资源配置效率；另一方面，市场机制的有效发挥，客观上促使政府职能的转变与优化，减轻政府调控市场的负担，让政府为基础设施、公共服务等建设投入更多精力，保障市场公平竞争并维护发展秩序。引导市场机制在金融服务体系优化促进新型农业经营主体培育过程中发挥好决定性作用，是指要充分发挥市场对资源配置的积极作用，通过市场主体的竞争与合作推动农村金融服务体系优化，从而为促进新型农业经营主体培育提供有力支持。具体而言，应当从以下三个方面来完善市场机制，充分发挥市场机制的决定性作用。

第一，培育农村金融市场主体。目前，农村金融市场逐渐形成传统金融与多种新型金融协调发展的竞争格局，增强农村金融市场的活力与竞争力，可以有效满足新型农业经营主体的金融需求。首先，政策性金融机构与商业性金融机构要立足自身资金情况，结合新型农业经营主体的金融需求与发展模式，积极推进金融机构下乡建设与服务，提升农村金融的"可触及率"；同时，赋予地方分行更大的自主权，形成"自下而上"的决策模式，因地制宜创新多样化的金融供给。其次，农村信用社、村镇银行、合作金融机构等新型农村金融机构要找准自己在市场中的定位，加强内部管理，提升农村金融服务水平，解决农业农村基础金融缺乏的问题，为农户资金存取提供便利。最后，要提升网络金融、供应链金融、消费金融等新型金融公司的风险控制水平，积极发展互联网金融，合理有效地在农村地区开展各项金融服务，形成各类金融机构良性竞争与协作的农村金融市场体制，以促进农村经济发展与繁荣。

第二，完善农村金融市场体系。农村金融体系是一个涉及面较广的系统工程，是保障农业农村可持续增长的重要杠杆。针对现有新型农业经营主体的融资需求与面临的融资困境，完善农村金融市场体系，要做好以下四方面的工作：一是要完善农村金融的信贷支持体系，不断完善新型农业经营主体的信贷信息网和征信系统，创新信贷抵押范围，降低信息不对称问题的发生率；二是完善农村金融的保险体系，探索开展一揽子综合险，为农业生产形成金融中介"防护网"，分散金融风险，满足新型农业经营主体多元化的风险保障需求；三是完善农村金融的担保支持体系，可以建立保证资金、保证公司等，为新型农业经营主体提供"全链条"的担保服务，确保农村经济建设的顺利进行；四是培育多层次的农村资本市场，避免体制僵化导致资本外流，充分发挥期货市场"价格发现"作用，为农户释放价格信号，同时培育农村票据市场，为新型农业经营主体提供多元化的融资渠道，推动农村金融市场体系朝着多元化的方向发展，提高金融配置效率。

第三，优化农村金融市场功能。在培育新型农业经营主体过程中，完善的农村金融功能是在农村地区合理有效开展金融服务的重要基础。首先，进一步完善农村金融市场退出机制，改变以往"政府垄断"的模式，建立健全农村金融体系风险处置机制，增强金融资本、金融主体的自主权而实现正常的新陈代谢。其次，创新农村金融产品与服务，在坚持成本、效益、风险匹配原则基础上，做到精准定位新型农业经营主体的多元化金融需求，注重农村金融产品和服务的指向性。再次，加强科技在农村金融领域的应用，推动金融科技与新型农业经营主体深度融合，高效发挥农村金融市场功能，降低农村融资成本，提高金融服务新型农业经营主体的效率。最后，大力培养农村金融专业人才。农村金融人才匮乏是制约农村金融发展的瓶颈之一，为此，要提高农村金融人才的专业素养，增强服务理念，为优化培育新型农业经营主体的金融服务体系建设一支高素质的人才队伍。

二、更好发挥政府机制的基础性作用

西方经济学的市场失灵理论认为，仅依靠价格机制对资源进行配置是不能实现帕累托最优的，但通过政府介入能在一定程度上弥补市场失灵所造成的效率损失。党的十九大首次提出"高质量发展"，标志着中国经济发展侧重点由经济高速增长转向经济高质量发展。党的二十大进一步明确要全面推进乡村振兴，强调重点发展农业农村，畅通城乡要素流动和经济循环。目前中国农村金融服务体制发育不完善，未能高度匹配高质量发展和乡村振兴的要求，农村地区金融发展存在市场失灵现象，同时，农村地区金融发展也面临政府过度干预问题。如何更好地发挥政府机制的基础作用，实现政府作用向适度干预转变，解决农村金融服务体系供给失衡问题是目前的工作重点。为了更好地培育并促进新型农业经营主体成长，政府机制应从以下几个方面发挥基础性作用：

第一，服务市场：解决农村金融市场发展难题。一方面，要完善农村金融服务体系，使其更好地服务于新型农业经营主体；另一方面，要减少对农村金融的过度干预，缓解农村金融市场失灵现象。完善服务市场的重点在于把握政府干预的适度性，主要从以下三个方面入手：一是加强法律法规建设。对于农村金融机构，应明确其设立、运营和退出的详细规则；对于农村资金互助社、小额贷款公司等农村新型金融主体，需要为它们制定明确的法律规范，填补法律空白；对于农村供应链金融、农村消费金融等农村金融创新业务，要加强立法规范。二是强化信用基础设施建设。建立农村信用信息共享平台，整合农村信用信息资源，实现信用信息互联互通；完善农村信用评价体系，构建科学合理的信用评价指标，定期更新信用评价结果，建立动态的信用评价机制，从而使新型农业经营主体获得更好的金融服务。三是完善金融服务网点设施。改善物理网点设施条件，对农村现有金融机构网点进行升级改造；配备专业的金融服务人员，加强对农村金融网点工作人员的培训，增强他们的业务素质和服务意识；加强网点信息化建设，为农村金融网点配备先进的信息技术设备；利用大数据等数字技术，推进金融科技在农村网点的应用。

第二，监督市场：维护农村金融市场秩序。农村金融市场参与者众多，且抗风险能力相对较弱，一旦发生金融风险，很容易引发连锁反应。因此，强化农村金融市场监管具有极其重要的意义。为了更好地完善农村金融监督市场，需要做好以下四方面的工作：一是加强农村金融执法队伍建设。充实农村金融执法力量，不仅要招聘和培养具有金融、法律等专业知识的执法人员，而且要加强对执法人员的培训，以提高执法队伍整体业务素质和执法水平。二是明确监管主体职责分工。尤其是中央与地方职责划分、跨部门职责划分，要通过联合发文等方式明确各部门在农村金融监管不同环节的责任，建立清晰的职责边界，避免出现监管空白或重叠。三是加强监管机制的建立。通过数字技术等科技手段和管理模式的不断健全，加强监管、协调和沟通，形成内部监督与外部监督有机结合的监管机制，确保执法过程的公正、透明；尤其是针对农村金融市场出现的突发情况，要建立临时沟通协调机制，加强监管部门之间、监管部门与执法部门之间的联合调查、联合执法。四是建立风险预警与处置协同机制。由中央和地方监管部门、不同监管领域的部门共同建立农村金融风险预警指标体系，共同研究风险处置措施；当面临风险时，各监管部门和地方政府的财政部门、金融资产管理公司等相关机构协同处理，形成"执行部门—监管部门—企业"风险协同机制，共同帮助金融机构化解风险。

第三，补充市场：缓解农村金融市场失灵。农村金融市场失灵带来了农村资源配置效率低下、农村金融服务供给不足、农村社会公平受损、农村经济发展缓慢等诸多问题。实施财税货币政策能够有效解决这些问题，推动乡村全面振兴。一是实施税收优惠政策。政府通过对农村金融机构实行税收减免或优惠，降低金融机构的运营成本，从而鼓励农村金融服务供给的增加，有利于农村信贷业务拓展。二是实施财政补贴政策。设立专项财政补贴资金，用于补贴农村金融机构的贷款损失或运营成本。三是实施货币政策。首先，调整准备金政策。央行可以实施差别准备金率，对农村金融机构设置较低的存款准备金率；根据农村金融机构服务农村经济的成效来动态调整准备金率；对农村金融机构存放央行的准备金给予适当的利息补贴。其次，优化再贷款和再贴现政策。增加再贷款额度与范围，尤其是在农村生产的关键时期以及农村基础设施建设高峰期；拓宽再贷款的用途范围，包括农村消费信贷、农村电商金融服务等领域。最后，调整再贴现政策。降低再贴现门槛并给予优惠的贴现率，特别是涉及农产品收购、农村小微企业交易等票据；通过提供再贴现窗口或资金支持等方式，建立农村票据贴现市场的特殊支持机制，鼓励农村金融机构之间开展票据转贴现业务。

三、重视发挥协同机制的辅助性作用

在金融支持新型农业经营主体培育过程中，不仅需要各个主体发挥好自身作用，也需要各个主体加强配合，相互促进，从而实现"1+1>2"的协同效应。加快构建农村金融体系中不同主体之间合作互动的协同机制，

本质上是将"自上而下"与"自下而上"两种路径进行有机结合。构建主体协同机制的积极作用主要体现在以下几个方面：首先，协同机制以政府引导作为基本前提和基础，可以有效发挥政府在宏观调控、统筹规划以及全盘布局等方面的优势。其次，金融机构能够广泛地参与到农村金融市场中来，有助于丰富农村金融市场主体，激发农村金融市场竞争活力，并设计开发出更多更适合新型农业经营主体需求的金融产品和服务，提高新型农业经营主体发展领域的金融可得性。再次，政府通过引导社会资本有序进入农村金融市场，既有利于缩小新型农业经营主体发展所面临的资金缺口，又能够减轻政府财政压力，使得政府不必再充当新型农业经营主体发展"投资者"角色，进而推动有效市场和有为政府更好地结合。最后，政府、金融机构以及新型农业经营主体等主体协同参与农村金融体系建设，能够更大程度地满足多方主体的利益诉求，并形成良性的有机协调与合作格局。具体而言，完善的协同机制构建应该从以下三个方面着手：

第一，加强政府与金融机构之间的协同。由于新型农业经营主体发展的资本短缺问题具有复杂性与多样性特征，这需要政府与金融机构共同努力，以政府为主导，传统涉农金融机构带头，新型农村金融机构共同参与，协同合作，形成结构化的农村金融体系。一方面，政府必须充分发挥自身的主导作用。政府要通过积极推动农村信用体系建设、数字基础设施建设与金融安全体系建设，全面布局与统筹农村金融发展，促进农村金融资源的优化配置；可以通过政策引导或财政补贴等方式，支持金融机构（特别是大型商业金融机构）在农村地区设立物理网点，使金融服务向农村地区延伸；着力强调政策性金融机构在新型农业经营主体发展中的重要贡献，引导农发行与国开行在金融支农领域中加大投入力度；鼓励和引导商业银行涉农贷款资金向农村地区流动，扩大农村金融资本的供给规模。另一方面，金融机构也要充分发挥自身的主力军作用。金融机构要针对农业农村发展现状，设计有针对性的信贷产品，满足新形势下新型农业经营主体发展的资本需求；同时，可以采取有效激励措施，引导新型农业经营主体与金融机构形成长期、稳定的供需关系，从而为新型农业经营主体发展提供可持续的金融服务供给。

第二，加强金融机构与新型农业经营主体之间的协同。金融机构与新型农业经营主体在农村金融体系中扮演的角色有所不同，其中，金融机构是农村金融产品和服务的生产者和提供者，新型农业经营主体则是消费者，两者只有做到互相配合，相互促进，才能实现农村金融体系的高效运转。一方面，生产决定消费，金融机构设计金融产品和服务的种类与质量，决定了新型农业经营主体对金融产品和服务的消费方式与消费水平。因此，对于金融机构而言，其在设计金融产品和服务时，必须充分了解新型农业经营主体的实际金融需求，确保其金融产品和服务供给可以为新型农业经营主体的生产经营提供帮助。如果金融机构不根据新型农业经营主体的实际需求设计金融产品和服务，新型农业经营主体就难以产生对金融产品和服务的消费积极性，最终产生对农村金融的不信任。另一方面，消费对生产具有反作用。只有新型农业经营主体的金融消费需求不断增强，金融机构的金融产品和服务设计才能得到持续创新；在新型农业经营主体金融消费过程中形成的对金融产品和服务更高的消费诉求，是金融机构进行产品更新和服务升级的风向标。因此，新型农业经营主体要减少对新型金融产品和服务的主观排斥，积极使用新型金融产品和服务并提出正面反馈，促进金融机构不断优化产品和服务设计，进而更好地匹配新型农业经营主体发展的金融需求，缓解其融资约束。

第三，加强政府与新型农业经营主体之间的协同。近年来，基于推进乡村振兴战略的实际需要，政府不断加大在农村金融体系建设方面的投入力度，使得广大新型农业经营主体可以从中受益。但是，由于受教育水平和文化程度普遍较低，大部分新型农业经营主体的金融素养不高，缺乏对金融产品和服务的正确认识，进而导致新型农业经营主体本能地不愿意接触金融产品和服务（尤其是数字金融产品和服务），以尽可能规避金融风险。在新型农业经营主体不积极参与农村金融体系的情形下，即便政府持续加大农村金融体系建设的投入力度，其成效也难以得到明显提高。因此，一方面，新型农业经营主体要与政府合作，积极参与政府组织的各种金融知识培训，不断提升金融素养和对风险的正确认知，主动了解和使用金融产品和服务。另一方面，政府也要与新型农业经营主体合作，充分了解和掌握新型农业经营主体的实际金融需求，进而引导金融机构不断创新适合新型农业经营主体需要的金融产品与服务；同时，针对新型农业经营主体风险能力不强的特点，政府应积极识别和防控农村金融风险，加大对金融机构的监督力度，规范金融机构的市场行为，切实做好新型农业经营主体权益保障工作。

第二节 新型农业经营主体培育的金融服务体系优化目标定位

培育壮大新型农业经营主体是全面推进乡村振兴的必然要求，也是建设农业强国的重要途径。要建立一套与之相适应的金融服务体系，首先需要明确金融服务体系优化的目标定位，以便对现有的金融服务体系进行创新。具体而言，这些目标主要包括以下三个方面：

一、新型农业经营主体的资金需求得到有效满足

为有效促进新型农业经营主体的发展，必须实现资金、劳动力、土地资源、技术革新及制度建设的深度整合。其中，资金作为核心驱动力，对新型农业经营主体的高质量发展起着至关重要的作用。当前，新型农业经营主体的资金需求呈现出以下几个显著特点：首先，资金需求量显著增长。相较于传统的农业经营模式，农民专业合作社、家庭农场、种养大户及农业产业化企业等新型主体，因其更高的专业化、规模化及产业化水平，对资金的需求大幅增加，资金主要用于生产经营场所建设、加工设备购置、物流仓储设施等基础设施的投资。其次，资金需求的领域不断扩展。新型农业经营主体的资金需求已不再局限于生产和消费环节，而是贯穿整个农业产业链，覆盖了从农产品生产、初（深）加工、储存（冷藏）、物流（冷链）到市场销售的各个环节。最后，资金需求的形态更加多元。与传统农业经营主体主要依赖短期资金不同，新型农业经营主体因其专业化和集约化程度较高，对资金的需求期限更加灵活多变，且呈现出明显的周期性和长期化特征。

综上所述，当前新型农业经营主体在资金需求方面呈现出需求规模显著扩大、需求范围持续扩展及需求形式更加多样等鲜明特点。然而，由于农业农村领域资本积累匮乏，资金缺口问题突出，除自身资本投入外，亟须大量外部资金注入。金融服务作为资金供给的核心渠道与机制，其核心职能在于通过创新金融服务产品，有效回应新型农业经营主体多元化的资金需求。具体而言，针对新型农业经营主体资金需求量大的特点，涉农金融机构应充分利用数字金融平台，实施"数字化授信"与"数字化担保"，

以确保其大额资金需求得到充分满足；鉴于新型农业经营主体资金需求用途的多元化趋势，涉农金融机构需推动金融业务与农业产业链的深度融合，为产业链各环节提供定制化的资金支持方案，进而提升资金配置效率；同时，针对新型农业经营主体资金需求形式的灵活性，金融机构在提供资金服务时，应全面考量资金的周期性与长期性需求，以精准满足不同类型新型农业经营主体对信贷期限的差异化要求。

二、新型农业经营主体的金融服务效能显著提升

要充分发挥金融服务在培育新型农业经营主体中的作用，核心在于涉农金融机构作为服务提供者，能否有效满足新型农业经营主体在资金与风险管理方面的需求，这既关乎涉农金融机构金融资源的丰富程度，更取决于其金融服务的创新能力。一般而言，涉农金融机构的服务创新能力与其服务效能呈正相关关系。因此，在金融支持新型农业经营主体的培育进程中，提升涉农金融机构的服务效能应成为核心目标。回顾传统金融服务新型农业经营主体的实践，虽然主要通过信贷、担保及保险等渠道展开，但新型农业经营主体仍普遍遭遇"融资难度大""融资成本高"等困境，这在一定程度上阻碍了农业农村的高质量发展。未来，涉农金融机构需深入考量新型农业经营主体金融需求的独特性，积极运用数字技术，有效降低服务成本，破解金融服务难题，以确保金融服务更精准地对接新型农业经营主体的需求，扩大服务规模，提升服务质量，推动数字金融与农村金融的融合发展。

培育新型农业经营主体是一项复杂而系统的任务，为增强金融服务的效果，满足其资金需求，关键在于依据新型农业经营主体的实际金融服务场景，进行创新性的金融产品与服务设计。首先，需促进金融服务与新型农业经营主体日常生产生活的深度融合。这要求精确捕捉新型农业经营主体的金融服务需求，构建精准的"场景化"金融服务产品体系，以确保金融供给与农村市场需求的有效对接，从而提升新型农业经营主体对金融服务的感知度与满意度，充分发掘金融服务在培育新型农业经营主体中的潜能。其次，需持续优化并改进金融业务流程。通过设计适合新型农业经营主体的移动应用界面与操作流程，积极推广便捷的自助服务终端与远程交互服务，确保金融服务能够精准、高效地抵达目标群体，进而提升新型农业经营主体的服务体验。最后，应注重传统服务渠道与数字化服务渠道的

协同发展。在持续优化新型农业经营主体所熟知的传统柜台服务的同时，应积极引导其采用数字化服务渠道，实现传统与数字服务渠道的有机结合，为新型农业经营主体提供更为全面、便捷的金融服务。

三、新型农业经营主体的金融服务风险总体可控

新型农业经营主体在发展过程中，不仅需应对自然灾害带来的自然风险，还需面对市场价格波动及需求变化引发的市场风险，这些风险因素是阻碍资本大规模流入农业农村领域的关键。同时，农村地区征信体系的不健全及金融监管的缺失，使得金融服务新型农业经营主体时伴随着较高的风险。作为对传统金融服务的重要补充，数字金融在提升新型农业经营主体风险管理能力方面发挥着积极作用。一方面，数字金融利用大数据、人工智能等先进技术，提高了金融市场风险信息的透明度，打破了新型农业经营主体与涉农金融机构间的信息不对称，有助于精准识别农业农村各领域的潜在风险，从而增强新型农业经营主体的风险管控能力。另一方面，通过数字化技术，数字金融不仅提升了涉农金融机构的风险识别与防控能力，减轻了其对新型农业经营主体违约风险及还款能力的顾虑，提高了信贷的可获得性，还促进了新型农业经营主体间的合作、资源共享及联合运营，实现了联合增信，进一步增强了新型农业经营主体的风险承受能力。

当然，数字金融在快速发展过程中，可能会引入流动性、技术、操作及消费者保护等多维度的新风险，因此，强化和完善数字普惠金融监管体系显得尤为重要。首先，需加强对数字金融业务规范性的关注。针对涉足数字金融领域的金融机构与非金融机构，应构建全面的审慎监管框架，严格实施准入标准与牌照管理；既要营造有利于数字金融健康发展的政策与市场环境，也要同步完善风险监管机制，加大对数字金融风险的管理与处置力度，为新型农业经营主体参与数字金融活动提供一个安全、可信赖的外部条件。其次，需着重关注数字金融的技术安全保障。数字技术是驱动数字金融快速发展的基石，但其安全性、先进性及可靠性直接关系到数字金融的稳健运行，因此，制定有效策略以加强对数字技术层面的监管，防范个人信息泄露与资金安全风险，显得尤为迫切。最后，应高度重视农村金融消费者的权益维护工作。这既包括提升新型农业经营主体对涉农领域非法集资、金融诈骗等违法行为的识别与防范能力，也涵盖确保其在享受数字金融产品与服务过程中的合法权益得到充分保护。综上所述，数字金

融需在支持新型农业经营主体发展与有效防控风险之间找到恰当的平衡点。

第三节　新型农业经营主体培育的金融服务体系优化基本原则

在厘清金融服务体系优化的指导思想和目标定位的基础上，还需要进一步明确金融服务体系优化的基本原则。其中，金融服务的模式差异化、效率最大化以及风险最小化为优化路径设计提供了基本构想。只有从理论上明确了这些具体的原则，才能够更加科学、高效地设计贵州新型农业经营主体培育的金融服务体系优化路径。

一、金融服务模式差异化原则

金融服务模式差异化原则强调金融机构应坚持新型农业经营主体金融需求导向，紧紧围绕农业经营全生命周期不同阶段、不同场景的融资需求和特点，综合考虑自身特色、资源禀赋等比较优势，探索与新型农业经营主体需求相匹配的多元化、差异化的金融产品和服务。由于家庭农场、农民合作社、农业企业等新型农业经营主体在规模、经营方式和资金需求等方面均存在较大差异，因此，传统的"一刀切"金融服务模式无法满足它们多样化的金融需求。金融机构的差异化服务模式能够更好地匹配新型农业经营主体的特定风险和收益特征，更有效地分散农业经营风险，主要体现在以下四个方面：一是信贷支持方面。金融机构可以通过放宽抵押担保要求、提供低息贷款、延长还款期限等方式提供更为灵活的信贷政策，以适应农业生产的季节性和周期性特点，更好地满足新型农业经营主体的资金需求。二是产品创新方面。针对新型农业经营主体动态演进的金融服务需求，金融机构可以不断推陈出新，开发定制化金融产品，丰富农业保险产品，在解决新型农业经营主体资金周转问题的基础上，为其提供风险保障，增强新型农业经营主体在不可抗力下的经营韧性。三是服务渠道方面。依托互联网和移动支付技术，金融机构可以积极拓展手机银行、网上银行等电子服务渠道，同时增设农村地区线下服务网点，以线上、线下相结合的服务渠道为新型农业经营主体提供更为便捷的金融服务。四是政府合作方面。金融机构可以与政府合作开展农业项目以获取政策资金支持，为新型农业经营主体提供更为优惠的贷款条件和税收减免，进一步助力其扩大生产规模，提升经营效益。

二、金融服务效率最大化原则

金融服务效率最大化原则强调金融机构在确保风险可控的前提下，应坚持金融创新导向，尽可能地提高资源使用效率、降低交易成本、提高金融服务质量和响应速度，以实现新型农业经营主体金融服务的最优化，促进新型农业经营主体稳定可持续发展。金融服务效率最大化原则对于培育新型农业经营主体、促进农业现代化发展有着举足轻重的推动作用。一方面，金融服务的高效率能够确保新型农业经营主体在生产经营过程中获得及时、充足的资金支持，促进农业现代化和规模化发展；另一方面，通过金融服务流程优化和产品创新，可以更好地满足新型农业经营主体多样化的金融需求，促进新型农业经营主体增收，推动农业产业链升级。因此，金融机构应坚持服务效率最大化原则，立足于金融服务可得性、便利性和安全性，不断提升金融服务的质量和效率，为新型农业经营主体的发展提供有力支持。具体而言，可得性要求金融机构利用互联网、大数据、区块链等现代信息技术，打破数据信息壁垒，增强金融交易可信度，通过扩大服务覆盖面、优化服务流程、降低服务门槛，使新型农业经营主体能够无障碍获取满足其生产经营所需的金融服务；便利性则强调金融机构要提供安全、高效、便捷的金融服务渠道和方式，实现金融服务的即时获取和快速处理，降低新型农业经营主体交易成本，提高资金流转效率；安全性是金融机构服务效率最大化原则的"压舱石"。金融机构需要建立完善的风险防控体系，保障新型农业经营主体的资金安全和信息安全。通过加强内部控制、提高防控技术、强化信息披露等措施，增强新型农业经营主体对金融服务的信任感和安全感。

三、金融服务风险最小化原则

金融服务风险最小化原则强调金融机构应坚持风险问题导向，通过建立风险管理框架、实施内部控制和合规程序以及利用风险管理技术，将风险水平控制在可接受的范围内，以保障新型农业经营主体的资产信息安全，维护金融市场的稳定，促进金融机构的可持续发展。农业生产的不确定性、经营管理水平的参差不齐、财务管理体系的不健全、信用记录的不完善等因素，影响了新型农业经营主体的还款能力和信用水平，增加了金融机构信贷决策的不确定性和风险性，形成了金融机构"不敢贷""不愿贷"的天然瓶颈。因此，坚持金融服务风险最小化原则是金融机构实现可持续发展的根本遵循。这主要体现在信息透明与共享、资金监管与合规以及风险控制与分散三个方面。关于信息透明与共享，金融机构可以依托大数据技术建立农业信息服务平台，通过提供市场信息、天气预报、病虫害预警等实况信息，帮助新型农业经营主体做出更明智、高效的决策，提高农业生产的效率和效益，同时大幅降低信息不对称为金融机构带来的潜在经营风险。关于资金监管与合规，金融机构应建立完善、严格的内部控制系统，实时监控资金流向，确保资金使用的合规性，同时定期加大对新型农业经营主体财务状况的审计力度，确保资金使用的合理性。关于风险控制与分散，金融机构应坚持通过严格的信用评估和风险审查，评估新型农业经营主体的财务状况、历史信用记录以及预期未来收益等反映其还款能力的指标，结合作物种植的季节性、自然条件的不确定性以及市场价格的波动性，制定合理的贷款条件和风险控制措施，进而保障新型农业经营主体的稳健经营和金融机构的可持续发展。

第四节　本章小结

本章基于前述章节的金融服务供需分析与金融服务成效实证检验结论，就贵州新型农业经营主体培育的金融服务体系优化指导思想、目标定位以及基本原则进行了系统阐释。其中，金融服务体系优化的指导思想，既要充分发挥市场机制的决定性作用，也要更好发挥政府机制的基础性作用，还要重视发挥协同机制的辅助性作用。金融服务体系优化的目标定位包括新型农业经营主体的资金需求得到有效满足、新型农业经营主体的金融服务效能显著提升以及新型农业经营主体的金融服务风险总体可控。金融服务体系优化的基本原则涵盖金融服务模式差异化原则、金融服务效率最大化原则以及金融服务风险最小化原则。

第八章 乡村振兴背景下新型农业经营主体培育的金融服务体系优化路径设计

基于乡村振兴背景下贵州新型农业经营主体培育过程中存在的金融服务供需失衡现象，为了进一步培育壮大贵州新型农业经营主体，迫切需要设计宏观与微观相结合的金融服务体系优化路径。具体而言，宏观层面路径主要涉及金融政策体系、金融组织体系与金融市场体系的健全和完善；微观层面路径侧重金融产品体系和金融技术体系的丰富和创新。本章将从上述五个维度入手，系统设计乡村振兴背景下贵州新型农业经营主体培育的金融服务体系优化路径框架。

第一节 完善新型农业经营主体的金融政策体系

一、加强高质量的金融政策制定与政策宣传

当前，金融政策供给不充分，缺乏纲领性的金融政策，是贵州培育壮大新型农业经营主体过程中面临的首要问题。许多金融政策文件均是独立性的，各项政策间未能形成紧密联系，这在一定程度上导致了金融资源分配的低效局面，无法有效形成支持新型农业经营主体发展的协同力量。同时，新型农业经营主体对金融政策的认知程度和接受程度，是金融政策能否正确、有效实施的关键因素，直接决定了金融政策的实施范围和实施深度。因此，不仅要加强高质量的金融政策制定，还要将金融政策通过各种途径散播到政策目标群体中去。

一是持续优化金融政策资源分配，提高金融政策制定的科学性和实操

性。首先，积极运用金融政策工具，通过采取政策倾斜的方式，加大对新型农业经营主体培育薄弱环节的信贷投放，充分发挥商业银行的主力军作用，增加对新型农业经营主体的有效投资，优化投资结构，增强新型农业经营主体的发展后劲。其次，赋予地方金融机构更多的金融政策自主权，提高基层人民银行的货币政策传导效率。中国人民银行贵阳中心支行在货币政策制定过程中应当适度放权，明确基层人民银行的监管范围、内容以及手段，使其在贯彻和传导货币政策过程中掌握话语权和主动权，有效推动工作落实；同时，基层人民银行要有权对金融机构的货币政策贯彻与落实情况进行监管，引导金融机构积极主动贯彻落实货币政策，提高货币政策普惠实效。再次，根据《中华人民共和国乡村振兴促进法》《关于金融支持新型农业经营主体发展的意见》《国务院关于支持贵州在新时代西部大开发上闯新路的意见》以及贵州省有关金融支持乡村振兴的系列法规文件，实事求是、遵循规律、因地制宜，制定"在地化"的、与贵州省新型农业经营主体发展实际情况相符的法律法规，进一步做好有利于经营主体良性发展的金融服务政策顶层设计。最后，在金融政策制定过程中，还要做到科学化与民主化相结合，充分尊重新型农业经营主体的主体性地位，不越位决策，维护经营主体的经济利益。

二是进一步强化新型农业经营主体在金融方面的知识教育与政策宣传，以提高其对金融的认知水平。新型农业经营主体经营者是涉农金融政策实施的核心目标群体。首先，要着力改变部分经营者的固化思维和落后观念，使其充分认识到金融扶持并非政府给予的福利性补贴，不是依靠政府支持才有资格申请，也不是申请了之后就能拖欠不还；金融扶持是可以主动争取的重要外部资源，同时经营者也要高度重视自身的信用积累，为获得金融扶持创造有利条件。其次，金融监管部门、政府相关部门和金融机构要为新型农业经营主体学习掌握金融知识提供条件，使其积极主动参与农村金融市场活动，提升金融资源利用效率。尤其是可以充分发挥基层金融机构在人员方面的突出优势，通过组织开设金融知识讲座，多层面、长期化地普及金融知识，提升新型农业经营主体经营者的金融素养。再次，积极借助电视广播、报纸杂志以及数字媒体等渠道，定期发送金融知识，提高经营者获取金融知识的便利度，提升金融扶持政策认知度。尤其是可以通过官网、微信公众号、手机 App、抖音号、视频号等渠道，组织不同类型的金融机构在线提供金融业务咨询服务，提高新型农业经营主体的金融知识获得感。同时，充分利用金融科技平台无间断、普惠性、可及性等特点，开设网上金融课堂，充分发挥平台在信息发布、素养教育以及知识传播等方面的积极作用，助力金融政策宣传取得良好效果。

二、完善金融政策实施主体机构与实施渠道

在培育壮大新型农业经营主体的金融政策实施过程中，相关主体机构作为政策实施的主要推动者、决策者与参与者，其组织架构的合理性、权责的明确性以及服务的恰当性，直接左右着政策实施的最终成效。同时，加快建设金融政策实施渠道，完善农村基层金融服务体系，对于解决金融产品推广力度不足与覆盖率低等难题具有重要的现实意义。

一是完善金融政策实施的主体机构设置，提升机构的服务水平。在执行新型农业经营主体的金融政策时，必须合理划清政府与市场之间的界限。一方面，应该重点突出政府的主导性作用，另一方面，应充分发挥市场的决定性作用，避免出现地方政府代替市场主体进行决策的情况。首先，着力消除"九龙治水"的混乱现象，明确贵州省各市州金融办在金融政策制定和实施过程中的核心地位，协调其他政府机构做好金融政策的制定和完善工作，构建起架构完善、权责清晰的管理体系；同时，为了使金融办具备完整的履职能力，应在机构设置与人员编制方面予以政策倾斜；对于相关配合部门而言，要明确其在管理体系中的具体职责，从而共同形成培育壮大新型农业经营主体的协同力量。其次，要持续改革行政审批制度，大力优化行政服务流程，提升金融政策实施主体机构的服务能力和服务水平。各级政府要大力支持新型农业经营主体拓展经营范围和服务领域，积极发展新产业、新模式和新业态，在此基础上，鼓励金融机构不断创新金融产品与服务，以适应新产业、新模式和新业态的发展，进而为新型农业经营主体的培育和壮大提供更加完善的金融服务。最后，各级政府要适当减少对新型农业经营主体生产经营活动的干预，更多地通过灵活运用各项金融政策，协同支持新型农业经营主体的培育发展。

二是畅通金融政策实施渠道，提高金融产品推广力度与覆盖率。首先，统筹发展直接融资与间接融资，建立多层次、广覆盖、可持续的金融服务体系。银行业金融机构应充分考虑新型农业经营主体的多样性，根据不同的规模和类型，提供差异化的融资支持，重点满足那些资信状况良好的经营主体的资金需求；对于在农业领域表现活跃且高度产业化的新型农业经营主体，应广泛利用供应链金融手段为其提供应收账款融资、仓单融资以及订单融资等多元化金融产品，以支持其业务扩展和效率提升，实现产业链的持续优化；鼓励贵州省的优质经营主体利用资本市场进行直接融资，包括但不限于挂牌上市、发行债券以及资产证券化等，以促进其发展和获得更多的资金支持。其次，设立农村金融服务站，有效拓宽农村金融服务渠道。农村金融服务站的设立可以填补农村没有专门公益性金融服务机构的空白，通过搭建金融服务平台，不断优化营商环境，帮助新型农业经营主体匹配更精准、更高效的金融服务，从而为培育壮大新型农业经营主体保驾护航。最后，建立入乡到村的"农村金融服务专员"制度。根据对金融政策的敏感度强弱，重点从村级干部队伍中选拔金融服务专员，配合农村金融服务站定期开展入门入户工作，推动农村金融政策的稳定传播，深入了解新型农业经营主体的金融需求，协同金融监管机构和银行机构做好产品服务优化、创新及风险防控等工作。

三、提升金融政策实施监管和风险处置能力

目前，贵州省相关金融监管机构对金融风险案件的事前监管方式不够完善，事中过程监督相对较少，事后防止事态扩散能力较差，再加上对非正规金融机构的监管力度要明显弱于正规金融机构，最终导致农村金融风险案件时有发生。因此，持续提升金融政策实施监管和风险处置能力，是完善贵州省新型农业经营主体的金融政策体系的重要环节。

一是增强对金融政策实施的风险监管能力。首先，完善金融政策实施的相关法律法规，明确风险监管的对象范围和需要承担的法律责任。建立合法合规的金融政策实施机制，有利于协调监管主体、供给主体（金融机构）与需求主体（新型农业经营主体）之间的关系，保证金融政策在农村地区的顺利实施；通过制定统一的法律监管标准，引导农村金融市场规范发展；将非正规金融机构纳入监管体系，加强对集资行为的监管，明确界定非法集资的法律界限，严格惩处非法集资行为。其次，充分利用先进数字技术，完善金融监管体制机制。在省级或市级层面构建全新的金融风险管理系统，综合利用大数据、区块链、云计算以及人工智能等数字科技，创新风险监控手段，拓宽金融监管渠道，实现金融风险的全面监控和有效管理；转变传统监管机构的思维方式，借助数字技术手段，及时对传统金融机构的账户监管系统进行更新和升级；运用数字技术增强金融机构账户

监管系统的识别能力，对账户中的异常交易进行准确识别、跟踪监管以及预警提醒，切实维护农村金融消费者（包括新型农业经营主体）的合法权益。最后，分类实施差异化的监管措施。不同类型的金融机构在农村地区的金融资源分布不同，金融业务开展情况的差异较为明显。为此，监管制度的制定应该坚持差异化原则，在满足国家层面和贵州省层面的监管标准基础上，充分考虑各市州农业农村发展的现实状况，在金融业务范围、存款准备金以及不良贷款容忍度等方面加以区别对待，促进农村金融高质量发展。

二是提升对金融政策实施的风险处置能力。首先，要组建常态化的风险事件应急小组，对于金融政策执行过程中暴露的风险事件要第一时间处理，尽可能弥补和挽回损失，减小风险事件的社会影响。积极主动作为，建立全省金融信息共享平台，针对已有的金融服务模式、产品类型、项目性质与盈利前景、已有的案例，借助专业的分析工具进行信息整合，然后公开披露风险提示和预警信息，提高防范风险和控制风险的能力。其次，对于失信的新型农业经营主体要严肃处理，建立清单制，进行名单制管理。部分新型农业经营主体在获得信贷资金之后，存在非法改变用途、恶意拖欠以及骗贷骗补等不良行为，为此，必须加大对经营主体违法违规行为的审查力度，一旦发现必须追究其法律责任，同时对其失信行为进行曝光和行为限制，直到其整改完毕为止。最后，要建立金融风险规避机制，依托制度建设有效防范和化解金融风险。对于各市州政府而言，可以出资设立新型农业经营主体发展基金及风险补偿金，以财政贴息等方式降低资金成本，加强与保险机构的合作，减轻保险机构风险覆盖负担，从而达到共同分散风险的目的；金融机构必须高度重视内部风险管理，尤其是在创新金融产品和服务时，要加强对金融风险的研究、判别与预警，密切关注重点领域信用风险的生成和变化情况，增强金融服务新型农业经营主体发展的可持续性。

第二节 健全新型农业经营主体的金融组织体系

一、发挥商业性金融的支农主体作用

农村商业性金融组织作为现代农村金融领域最主要的供给者，是农村商业性金融运行的有形载体。建立健全农村商业性金融组织体系，有利于

发挥商业性金融的支农主体作用，解决新型农业经营主体普遍面临的"融资难""融资贵"问题，从而改善培育壮大新型农业经营主体的基础条件。总体来看，健全农村商业性金融组织是一项系统性的工程，需要从以下两个方面统筹兼顾。

一方面，要努力创造良好的农村金融发展环境，吸引更多的商业性金融机构主动"下沉"地区。良好的金融发展环境可以有效降低商业性金融机构的经营风险与交易成本，提高其盈利能力与利润水平。首先，完善农村商业性金融组织的市场准入制度。长期以来，严苛的市场准入标准是妨碍农村商业性金融组织发展的重要因素。应当适当地调低农村金融市场的准入标准，以催生更多的农村商业金融供给主体，实现供给主体的不断增多与供给结构的持续优化，增强农村金融组织的竞争力，并激发其持续发展的活力。其次，完善农村商业性金融组织的运行机制。各级地方政府要尽可能减少对农村商业性金融机构的不当干预，增强其业务经营自主权，从而更好地发挥其在支持新型农业经营主体培育过程中的重要作用。与此同时，通过深化财政、金融和投融资领域的改革，进一步优化财税政策工具与货币政策手段，同时完善保险和担保等信贷增信机制，以激励农村商业性金融业务的自主运作，从而促使农村商业性金融组织积极主动地为新型农业经营主体提供金融服务，提高经营主体的金融获得感和满意度。

另一方面，需要加快商业银行的自身改革，提高商业银行服务新型农业经营主体的能力。首先，进一步深化农业银行和邮政储蓄银行的"'三农'服务部门"改革。通过成立专门的"'三农'服务部门"，充分利用上述两类银行在农村地区的网点布局优势，不断创新商业性金融支农服务方式、扩大商业性金融支农服务领域以及提升商业性金融支农服务质量，从而增强商业性金融机构在农村金融市场的竞争力，并提高其对新型农业经营主体的金融支持水平。其次，分类推进农村信用社改革。以法人为单位，进一步改革农村信用社产权制度，明晰产权关系，完善法人治理结构，确定不同的产权形式，支持有条件地区的农村信用社改制组建农村商业银行、农村合作银行等银行类机构，加速农村信用社产权升级；加强对农村信用社的内部整顿，严格控制成本，同时充分实施劳动合同制度，加大对职工的教育培训力度，完善人才招录机制与人才竞争机制。最后，积极推动村镇银行转型升级。借助政府力量加大对村镇银行的宣传力度，提升村镇银行的公信力，改变多数新型农业经营主体对村镇银行的不信任状况；着力完善村镇银行的自身条件，主要包括职工数量、业务素质以及服务水平等，将信贷资金投放更加倾向于农业发展领域，加大金融支农力度，不断提高新型农业经营主体融资需求的可获得性与资金满足率。

二、健全政策性金融的支农保障功能

作为辅助政府实施农业发展政策的金融制度安排，农村政策性金融在农村金融组织体系中扮演着重要的角色，其功能是其他金融组织无法替代的，特别是在培育和壮大新型农业经营主体方面。目前，贵州新型农业经营主体尚处于培育壮大阶段，农村金融服务供给难以满足新型农业经营主体的金融服务需求，农村金融服务面临着"市场缺陷"与"市场失灵"的困境。因此，迫切需要健全政策性金融的支农保障功能，促进新型农业经营主体的健康发展。

一方面，大力构建农业政策性银行体系。首先，中国农业发展银行贵州分行要积极扩展业务范围。围绕构建新型农业经营体系的产业政策目标要求，加快对农业发展银行的职能定位进行优化调整，打破其在涉农金融业务方面的局限性，将其业务范围从产后的农产品流通（农副产品收购），逐步拓展到涵盖产前、产中以及产后的农业"全产业链"发展领域。例如，可以在农业生产环节提供高标准农田建设贷、农机贷、农产品加工贷以及农林资源开发贷等，在农业产后环节提供收购贷、仓储贷以及农产品营销企业发展贷等贷款支持，从而形成多元化的支农模式。其次，中国农业发展银行贵州分行要不断降低融资成本。无论是发行金融债券还是向人民银行申请再贷款，农业发展银行的融资成本均比较高。未来，农业发展银行的资金来源不能局限于金融专项债券或者央行专项再贷款，而应当革新筹资方式，拓宽商业性筹资渠道，优化负债结构，从而保证其资金来源的稳定性。具体而言，允许农业发展银行既可以向其他银行借款筹集资金，也可以通过金融市场筹集资金，从而利用其取得的大量资金全面支持各种类型的农业产业化项目开发建设。此外，农业发展银行应注重创新金融服务模式，积极发展和培育政府与机构客户，不断提升服务水平，走出一条符合政策性银行自身特色的路线。

另一方面，规范建立多种形式的农业政策性金融组织体系。首先，完善农业政策性保险机构体系。现阶段，政府应积极围绕新型农业经营主体对农业保险的现实需求，通过政策引导与资金扶持等方式，完善农业政策性保险组织体系，扩大政策性保险的覆盖范围，并引导商业性保险积极支持新型农业经营主体培育；可以由中国农业发展银行履行农业政策保险经营的职能，主要负责再保险经营业务，实现政策性银行混业经营，同时加强与商业性保险的分工协作，为新型农业经营主体提供多元化、分散式的风险保障；加快构建国家级农业巨灾风险保障体系，积极运用农业巨灾风险基金的待摊作用、自然灾害救济的损害补偿作用以及农业再保险体系的再保障作用，缓解自然风险对新型农业经营主体发展产生的不利影响。其次，完善政策性农业担保机构体系。进一步增强贵州省农业信贷融资担保股份有限公司（以下简称"省农担公司"）的农业担保资本实力，提高担保业务专业能力和风险控制水平；发挥省农担公司的"增信、分险、赋能"的作用，拓宽与各金融机构的合作范围，减少金融机构在农业金融业务中的信息不对称，扩大金融机构对新型农业经营主体的信贷投放规模。最后，设立政策性农业产业发展基金。基于贵州省新型农业经营主体培育实际情况与农业产业发展宏观考量，设立政策性农业产业发展专项基金，主要用于扶持 12 个农业特色优势产业成长和新型农业经营主体培育壮大等；借助产业发展基金的带动作用，引导鼓励更多的金融资源涌入现代农业发展领域，形成汇聚新型农业经营主体培育资金的"虹吸效应"。

三、发展多种形式的新型农村金融机构

除了农村商业性与政策性金融组织外，农村合作性金融组织在农村金融体系中也占据着不可或缺的地位。大力发展农村合作性金融组织，是适应农村土地流转和适度规模经营的新趋势，其目的是更好地为农村合作性经济组织（如农民专业合作社等）提供金融服务。为了健全多种形式的新型农村金融机构，应当在深化农村信用社改革的基础上，重点发展两类新型农村合作金融机构。

一是深入推动农村资金互助社发展。农村资金互助社是指一种由农村小企业、农民专业合作社以及农民自愿入股形成的社区互助性银行业金融机构，其主要业务包括向社员提供存款、贷款以及结算等。农村资金互助社可以为社员提供方便、灵活、多样化的金融服务，以满足社员在生产、生活等方面的需求，同时也可以促进农村经济的发展和金融体系的完善。农村资金互助社积极服务于贵州"三农"领域发展，为缓解农民专业合作社"融资难""融资贵"问题提供了重要补充。在乡村振兴的大背景下，贵州各级政府应采取一系列政策支持措施确保农村资金互助社的规范运作与合理发展，从而为新型农业经营主体提供持续、稳定、多元化的金融支持。首先，由县级政府牵头成立具有示范效应的农村资金互助社，鼓励有条件、有能力的农民专业合作社或农业中小企业成立农村资金合作社，并为其提供相应的财政补贴。其次，改变当前农村资金互助社资金来源的单一性，积极拓宽资金筹集渠道，鼓励有闲散资金的非社员将资金存入农村资金互助社，提高对非社员资金的吸纳利用程度，同时也可以通过与社会各界企业、团体、合作社以及金融机构等合作的方式扩大农村资金互助社的资金规模。最后，农村资金互助社要不断丰富、优化金融产品，致力于为社员提供手续简便、无抵押物或者少抵押物的助农小额贷款，同时，充分利用自身的人缘、亲缘以及地缘等优势，努力提高服务质量和水平，切实将利益带给新型农业经营主体，增加新型农业经营主体的满意度。

二是创新发展农民专业合作社内部资金互助组织。农民专业合作社内部资金互助组织是在全体或部分成员自愿入股的基础上，按照成员自治、民主管理和信用互助的原则，在合作社内部设立的专门的资金互助组织，目的在于为组织内成员提供互助性质的借贷服务。首先，要通过完善立法的方式明确农民专业合作社内部资金互助组织的法律资格。国家层面应对《中华人民共和国农民专业合作社法》进行修正完善，同时加快拟订"新型农村合作金融组织法"，两部法律均要纳入农民专业合作社内部资金互助组织；贵州省层面应结合本省农民专业合作社内部资金互助组织的实践发展状况，抓紧制定"农民专业合作社信用互助业务管理办法"以及相应的规章条例，促进贵州农民专业合作社内部资金互助组织的规范发展。其次，各级政府可结合当地农民专业合作社内部资金互助业务的发展情况，定期开展县级、市级或者省级示范社评选工作，选出一批资金互助业务运行规范的典型合作社案例，发挥优秀案例的示范引领作用，推动辖区内合作社内部资金互助业务的顺利开展。再次，鼓励不同的合作社之间加强横向合作，促使信用资金在不同合作社之间进行余缺调剂，拓宽合作社的资金筹集渠道，扩大合作社的互助资金规模。最后，要从强化合作社内部民主管理、明确外部监管主体以及构建行业自律组织等方面，强化合作社内部资金互助组织的多层次监管，保障农民专业合作社内部资金互助业务的持续健康发展。

第三节 改进新型农业经营主体的金融市场体系

一、有效激活农业信贷市场

从新型农业经营主体的金融服务需求种类来看，农业信贷始终是最主要、最基本的金融需求，因此农业信贷市场的发展程度在一定程度上决定了新型农业经营主体的融资获取状况。然而，现阶段贵州农业信贷市场发展还不能满足新型农业经营主体的融资要求。为了破解贵州新型农业经营主体普遍面临的"融资难""融资贵"困境，必须有效激活农业信贷市场，不断扩大和提升农业信贷市场的供给规模和供给效率。

一是努力扩大农业信贷市场供给规模。一般而言，扩大农业信贷规模主要有增加服务机构（网点）和增加信贷数额两种方式。首先，合理布局农村金融机构服务网点，促进农业信贷供给机构的多样化发展。鼓励农业银行等商业性金融机构提升在"三农"领域的关注度，积极开展涉农金融服务，结合新型农业经营主体对金融服务的需求确定金融支农的着力点，加大在农业产业化、乡镇农业企业、现代化农业等方面的金融资源投入；结合贵州各地的实际情况，充分发挥农村信用社在服务"三农"方面的网点优势，积极转变经营观念，进行金融产品创新，适时推出适合新型农业经营主体的信贷产品，满足其融资需要；支持和引导政策性银行机构优先为新型农业经营主体提供金融服务，促使其加大在农业基础设施建设、农产品收运储、农业规模化经营以及农业技术开发推广等方面的资金投入，发挥政策性银行在促进现代农业发展中的导向作用。其次，政府要加大对经营主体信贷的扶持力度，提高经营主体贷款促进乡村产业振兴的效能。一方面，对于有信贷资金需求的新型农业经营主体，政府可通过制定专门的信贷补贴政策，帮助其以较低的成本获得较多的信贷支持；另一方面，可以通过发挥市场机制的作用，适当放开农业信贷市场准入，吸引民间资本进入，为新型农业经营主体获得信贷资金创造良好的市场环境，提高新型农业经营主体在农业信贷市场的参与度与获得感。

二是不断提升农业信贷市场供给效率。首先，优化农业信贷资金配置结构，构建以市场为导向的农业信贷资金运行机制。建立符合农业现代化发展需要的信贷资金均衡配置格局，引导信贷资金回流农业农村，同时根据农业农村发展的实际情况，及时调整信贷资金的使用去向，促使农业信贷对象逐步向农民专业合作社、家庭农场、种养大户以及农业产业化企业等新型农业经营主体延伸，为培育新型农业经营主体打下坚实基础；通过财税优惠、金融扶持以及产业引导等政策措施，积极培育壮大新型农业经营主体，支持农业产业化龙头企业为农民专业合作社提供信贷担保，并以新型农业经营主体为载体开展贷款贴息试点，促使更多的信贷资金配置到新型农业经营主体。其次，完善农业信贷市场竞争机制。实现农业信贷资源优化配置的最佳途径在于构建有效的农业信贷市场竞争机制。可以适当降低农业信贷市场的准入门槛，通过引入民间资本和国外资本，发展创新农村资金互助社、小额贷款公司以及村镇银行等新型农村金融机构，促进农业信贷市场形成有效竞争；建立健全农村金融机构退出机制，以"优胜劣汰"强化对涉农金融机构的约束，倒逼涉农金融机构不断加强金融产品创新，持续提升服务能力；适当引导农村非正规金融机构的规范发展，加强对其运行的有效监督，确保农业信贷市场供给体系的完善。

二、大力拓展农业保险市场

大力拓展农业保险市场，不断完善农业保险功能，是培育壮大新型农业经营主体的重要配套措施。乡村振兴战略实施以来，贵州新型农业经营主体持续发展壮大，已然成为推动农业现代化、增加农民收入以及促进农村经济繁荣的重要力量。然而，与新型农业经营主体快速发展相伴随的是生产经营风险的迅速累积，由此也亟须通过深度拓展农业保险市场，强化经营主体稳健发展的保险支撑。

一是完善农业保险市场发展体制机制。首先，建立商业性农业保险市场准入机制，增强商业性农业保险对政策性农业保险的补充作用。以优化营商环境为指引，摒弃地方保护主义思想，通过政策优惠、审批便捷、服务优惠等方式，吸引有实力的、农业保险经营经验丰富的国内商业保险公司参与到贵州农业保险市场经营活动中；各级政府部门应积极落实财政补贴政策，在突出政策性农业保险重要性的同时，也要意识到商业性农业保险的重要功能，抓紧形成商业性农业保险与政策性农业保险之间协同发展的现代化农业保险体系；将政策性农业保险的政策资源、客户资源以及保险品种资源与商业性农业保险的专业化管理能力、市场拓展能力以及产品创新能力有机融合，实现贵州商业性农业保险与政策性农业保险的协同工作局面。其次，要健全农业保险相关法律法规与制度政策体系。出台商业性农业保险与政策性农业保险法律规范，明确规定农业保险的组织结构、制度模式以及运作方式等，为新型农业经营主体合理利用农业保险提供完善的法律保障；实施差别化的农业保险扶持政策，重点对规模化农业保险业务进行财政补贴，对于农业险种开发和推广力度较大的保险机构予以税收优惠，支持和鼓励农业保险向新型农业经营主体倾斜。

二是提升农业保险市场服务水平。首先，要满足差异化的风险保障需求，提升农业保险保障水平。当前，贵州农业发展正处于传统农业经营主体（小农户）与新型农业经营主体共存的阶段，两者在农业生产经营过程中存在的风险保障需求存在一定差异。因此，农业保险既要实现传统农业经营主体的普惠保险功能，也要适应新型农业经营主体的多样化保险需求。在实践过程中，第一种可行的模式是"基本险+附加险"模式，基本险主要对应传统农业经营主体与新型农业经营主体的基本保障需求，附加险致力于满足新型农业经营主体的个性化保障需求，提供更高保障的产品和服务；第二种可行的模式是创新开发高保额特色农业保险产品，以实现直接物化成本保险的广覆盖。例如，人保财险贵州省分公司在全省创新开办大豆完全成本保险，在贵阳市创新试点高标准农田水稻、玉米完全成本补充保险，满足了新型农业经营主体的高保障需求。其次，要拓宽农业保险的服务领域，提供多元化的农业风险保障。现阶段贵州农业保险主要围绕粮食作物、畜禽产品以及特色农作物等开展传统农业保险业务。在推进乡村振兴战略过程中，应该针对农业现代化转型的现实需要，持续扩大农业保险的服务范围，努力促使农业保险由"小农险"升级为"大农险"，进而为新型农业经营主体创新设计更合适的农业保险产品与服务。

三、建立健全农业资本市场

资本市场作为各类经济资本和产权交换的重要平台，有助于新型农业经营主体有效集成生产要素以及合理配置市场资源。然而，由于当前资本市场的高要求、高标准，贵州大多数新型农业经营主体难以参与其中。为此，必须建立更加完善的农业资本市场，并优化其运行规则和投资工具，以适应新型农业经营主体的直接融资需求。

一是加快发展多层次资本市场。首先，积极推动新型农业经营主体上市融资。政府可以出台专项扶持政策，增强主板、中小板以及新三板市场对农业经济的资金筹措作用，为达到要求的优质经营主体提供便利的上市服务；设立专项扶持资金，以政府购买的方式引进投资银行到贵州，对暂未达到上市财务条件和规范运作条件的农业企业进行培训，积极培育农业企业上市；针对当地成功上市的农业企业，鼓励其通过定向增发、发行可转换债券以及配股等方式进行再融资，同时可在财政税收方面予以一定的奖励优惠以示激励。其次，鼓励新型农业经营主体发债融资。政府应该积极对接证券公司，推动新型农业经营主体对接多层次资本市场，重点支持符合要求的新型农业经营主体通过发行债券和资产证券化等途径进行直接融资；建立健全债券担保机制，为部分优质新型农业经营主体债券提供担保，减少债券投资者的投资顾虑，从而为新型农业经营主体顺利发行债券提供保障。最后，支持成立农业专项投资基金。通过公募或者私募等方式，有效撬动包括社保基金和保险资本在内的社会资金投入农业重点项目，促进新型农业经营主体发展，加快农业现代化。

二是大力发展农产品期货市场。首先，要建立健全农产品期货市场发展体制机制。政府要积极引导证券、期货营业机构进驻贵州，试点设立农产品期货公司，为新型农业经营主体生产经营提供合适的套期保值工具，同时聘请期货行业专业人士为新型农业经营主体普及期货知识；不断完善农产品期货市场交易体系，调整优化期货合约、期货标准、期货交割以及操作方法等内容，创新开发与新型农业经营主体相匹配的期货品种，强化期货市场对经营主体生产经营的市场导向功能；优化农产品期货交易制度，加强对农产品期货市场的监管和惩戒，以保证期货市场的流动性与稳定性，发挥期货市场对农产品价格形成的引导作用。其次，要增强新型农业经营主体利用期货市场的意识和能力。加大对农产品期货产品的宣传和推广力度，构建农产品期货市场与新型农业经营主体的服务对接机制，适度降低农产品期货市场的准入条件，不断增强经营主体参与期货市场的内在动力；搭建农产品供求信息服务平台，积极引导新型农业经营主体参与农产品期货交易，提高新型农业经营主体利用期货市场的能力，降低其生产经营所面临的价格波动风险。

第四节 丰富新型农业经营主体的金融产品体系

一、明确农业信贷产品的主体融资作用

银行机构系新型农业经营主体最主要的融资对象，其信贷产品的有无多寡直接决定了新型农业经营主体能够得到合适的融资产品的可能性。为了满足新型农业经营主体生产经营过程中涉及农业基础设施建设、农产品收购加工流通以及农资经销等多样化的资金需求，银行机构应加大农业信贷产品的创新力度，发挥农业信贷产品的主体融资作用。

一是创新农村土地承包经营权抵押贷款。2015 年以来，贵州在铜仁市德江县、六盘水市水城县、毕节市金沙县、遵义市湄潭县等地陆续开展了农村承包土地经营权抵押贷款试点工作，取得了显著成效，但也面临贷款审批流程过于烦琐、经营权价值难以评估、贷款利率过高以及贷款风险分担及补偿机制有待完善等问题。未来，应进一步从以下几个方面对农村土地承包经营权抵押贷款机制加以创新和完善。首先，简化抵押贷款的申请和审批流程，优化抵押物的评估和登记制度。对信用良好的新型农业经营主体，鼓励银行简化贷款申请材料以及取消担保，在限定金额内采取直接放款的方式；提倡将权证认证、经营权评估以及抵押登记等一系列流程统一纳入农村产权交易平台中，并建立银行与该平台的协同工作机制来优化抵押贷款的流程，提高抵押贷款办理效率。其次，建立经营权价值多方评估体系。在评估土地承包经营权的具体价值时，银行机构可联合多方主体（包括企业、专家、借款人以及村委会负责人等），在参考经营权评估基准价的基础之上，对抵押贷款项目的经营权与地上附着物进行价值评估。再次，创新经营权抵押贷款产品种类。贵州各地应以试点地区经验为鉴，积极推动创新，丰富经营权抵押信贷产品的种类，重点围绕贷款利率、贷款金额、贷款周期、还款方式以及担保费率等因素，因地制宜推出适合各地新型农业经营主体的经营权抵押贷款产品。最后，健全抵押贷款风险分担及补偿机制。建立健全风险补偿基金，探索建立农地经营权抵押贷款证券化等多样化的资金筹集方式，对信用良好的新型农业经营主体进行费率补贴，同时奖励经营权抵押贷款业务开展良好的金融机构。

二是创新农村动产质押贷款。质押也称作质权，指的是债务人或者第

三人将其动产移交给债权人占有，并将该动产作为债权的担保，如果债务人不履行债务，那么债权人有权依法将该动产卖掉，以其所得优先受偿。大力发展农村动产质押可以有效扩展抵（质）押品范围，从而解决农业经营主体因抵（质）押品缺乏而面临的融资难题。首先，创新农业"保单质押"贷款。所谓农业"保单质押"贷款，即将农业保单质押给银行机构，银行机构提供贷款给新型农业经营主体，如果农作物绝收或者受灾，保险公司直接将理赔款支付给贷款银行以偿还贷款。目前贵州一些银行机构积极探索农业"保单质押"贷款，并取得了较好的效果，可以在全省范围推广应用。比如，贵阳农商银行率先推出"农业保险保单质押贷款"，授信额度最高1 000万元，质押率不超过70%，为新型农业经营主体破解融资难题提供了新的途径。其次，创新农业"订单质押"贷款。农业"订单质押"贷款是指将农民专业合作社或者农户与农业企业之间签署的订单质押给银行机构，然后由银行机构向农民专业合作社或者农户发放贷款，以订单项下的预期销货款作为主要还款来源。在这个过程中，需要引入农业担保机制，形成风险共担体系，以降低新型农业经营主体生产经营面临的不确定风险。贵州近年来采取"农业担保公司+当地政府+银行"模式，有针对性地设计了"茶叶贷""农保贷""蔬菜订单贷"等产品，专门为新型农业经营主体提供贷款支持，接下来可以将该模式进一步拓展到其他特色优势农业领域。

二、突出农业保险产品的风险兜底功能

目前贵州绝大多数的农业保险业务是政策性农业保险，农业保险产品创新主要依据国家政策性补贴险种进行，因此产品创新较为有限。新型农业经营主体生产经营过程中面临着复杂多样的风险种类，农业保险公司应充分借鉴国内外保险产品开发经验，同时结合贵州实际情况，积极创新诸如天气指数保险、价格指数保险等保险品种，以满足新型经营主体的多样化风险保障需求。

一是创新农业气象指数保险。农业气象指数保险是以气象指数（如风速、降水、气温等）为保险内容的保险模式，其主要补偿气象指标本身超过气象指标的变化，而非赔偿气象因素造成的作物质量或产量的实际损失。农业气象指数保险相比传统农业保险产品具有以下优势：首先，它的补偿依据是气象指数变化的客观数据，可以确保信息的准确性；其次，

基于气象指数直接计算损失，并确定好相关赔付金额，可以减少被保人的监督成本；最后，气象指数保险协议的规范性较强，因此在二级市场上具备良好的流通性。贵州是中国农业气象灾害较为严重的省份之一，每年冰雹、干旱、低温冷害以及暴雨等气象灾害及其次生灾害造成的损失，占到自然灾害损失的80%以上。近年来，贵州省积极探索"气象+保险"的创新模式，促进气象与保险的深度融合式发展，搭建了贵州省气象指数保险支撑平台，已经开展茶叶、辣椒气象指数保险试点，取得了良好成效。为了进一步推广应用农业气象指数保险，接下来应从以下几个方面加以创新和完善。首先，要继续增加气象观察站点以提高气象观察精度。现阶段贵州气象观察站点还难以满足气象指数保险的定损需求，有必要增加气象监测站点数量与覆盖面，以保证气象数据的可获性和准确性；其次，要加大农业气象指数推广力度并提高服务效率。可充分利用基层农业服务体系设立保险代办网络，同时依托比较大型的新型农业经营主体推动气象指数保险的试点与推广。此外，要加大对农业气象指数保险的财政补贴力度，切实减轻经营主体的保费负担。

二是创新农产品价格指数保险。农产品价格指数保险作为一种新型的农业保险产品，一般也被称为农产品目标价格保险或者农产品价格保险，其主要承保农产品价格风险，对农业生产者因市场价格大幅度波动、农产品价格低于目标价格或预期价格指数承受的损失给予经济补偿。2015年，贵州省政策性农产品目标价格保险试点工作正式启动，率先在贵阳市开展生猪、蔬菜目标价格保险试点工作。整体而言，目前贵州农产品价格指数保险的发展尚处于探索阶段，还存在保障范围不足、需求不足、价格指数缺乏科学性以及风险分散机制缺乏等问题，因此在接下来的探索实施过程中要不断创新完善，实现由点到面的逐步推广。首先，要科学设定农产品价格指数保险方案，结合贵州各地新型农业经营主体的实际情况，对保险区域、保险标的、保险金额、投保人以及保险期间进行优化改进。其次，由贵州各地政府建立农产品价格信息监测平台，在已有成本收益统计与价格监测的基础之上，扩大监测的农产品种类，优化监测的网络布局，提高监测数据的准确性、可靠性和有效性。再次，积极利用农产品期货市场的套期保值功能，通过建立"保险+期货"的创新模式进行风险对冲，达到农产品价格指数保险分散风险的目的。最后，要加大各级政府的财政补贴力度，建立健全多层级的财政补贴体系，同时要完善相关立法保障，构建政府主导的农业保险管理服务体系，以确保农产品价格指数保险的顺利实施。

三、引入农业担保产品的补充支持机制

为了解决新型农业经营主体面临的融资难题，必须重视农业担保产品的创新与推广。通常而言，在对新型农业经营主体进行信用审核时，银行机构必须考虑其还款能力及代偿担保措施的完备性。为此，结合现阶段贵州新型农业经营主体抵押担保物品不足、担保模式不完善以及信贷风险大的实际情况，有必要加快农业担保产品的创新步伐，发挥农业担保产品对新型农业经营主体融资的补充支持作用。

一是创新农业供应链融资担保产品。作为一种新型融资抵押担保模式，农业供应链融资担保彻底改变了传统农村授信业务单户考察、单笔监测、自上而下的"点对点"服务模式。农业供应链融资担保主要从农业供应链全局入手，立足地方农业特色优势产业，将供应链上核心企业的经济实力与信用水平作为增信基础，为产业链上下游中小企业、合作社和农户融资活动提供有效的担保支持。近年来，贵州省一些地方（铜仁市）开始探索"供销农担贷"供应链金融支农担保服务，但试点范围还有待扩大。根据供应链服务节点的不同，农业供应链融资担保产品创新主要围绕以下三种模式进行创新。第一种是农业产业化核心企业主导的农业供应链融资担保。该模式运行的关键是在农业供应链上选出一家核心企业，将其与上下游中小企业进行捆绑，形成"核心企业+中小供应商"模式，综合运用信用、联保、抵（质）押等担保方式，为相对弱势的上下游中小企业提供融资支持，同时降低金融机构的信贷风险。第二种是农民专业合作社主导的农业供应链融资担保。农民专业合作社在争取获得金融服务时，相比单个中小企业或者单个农户更加具有优势。该模式具体包含"合作社+农户""公司+合作社""（收储加工）公司+农户"等形态，其中，农户将农民专业合作社作为担保向农资供应者赊购生产资料，农产品加工者预先向农业生产者支付资金等。第三种是以多个中小企业或者多个农户为服务对象的农业供应链融资担保。该模式又被称为中小企业联保或者农户联保模式，其中，农资供应商、购销商与加工商以现金或者实物的方式向担保组织内的农业生产者提供信贷支持，订单农业中的企业向农户提供贸易信贷。

二是创新政银担农业融资担保产品。"政银担"模式是指通过政府部

门、银行机构与农业担保机构之间的有效合作，共同服务于新型农业经营主体融资的担保模式。在该模式下，政府部门介入银行机构、担保机构与新型农业经营主体之间，主要负责向银行机构推荐符合条件的优质新型农业经营主体，并且与银行机构和担保机构一起开展贷后监督与贷后违约的追偿工作，同时为贷款费用与贷款损失提供财政补贴或补偿，从而起到风险分担的重要作用。近年来，由贵州省农业农村厅牵头，省农担公司、农行省分行、邮储银行省分行、工商银行省分行等担保机构和银行机构积极推动政银担合作，开展了农业经营主体信贷直通车等活动，为新型农业经营主体提供了极大的信贷资金支持。但整体而言，目前贵州政银担农业融资担保还存在抵押物价值评估困难、政府信用评价不透明、各方协调程度不高等问题，为此，要不断优化政银担农业融资担保产品。首先，要充分发挥政府部门的引导扶持作用。由省财政部门制定与农业担保相关的担保费用补助、绩效考核、业务奖励、税收减免优惠以及监督管理等配套制度，同时明确贵州省农担公司重点扶持的新型农业经营主体；由省农业部门积极做好农担项目筛选、项目推荐与政策宣传工作。其次，要发挥合作银行机构的协同作用。银行机构要充分利用好渠道资源、网点资源以及管理资源，协同贵州省农担公司做好业务开发、产品设计、风险防控、调查审核以及保后服务等工作。最后，要持续创新风险分担机制。充分利用目前快速发展的数字金融，采用"担保+数字技术"模式，构建新型的数字担保平台和审核评估体系；依托"政银担"模式，省农担公司要进一步引入信托公司、保险公司或者租赁公司等金融机构，形成多元金融主体的新型农业融资担保模式，有效分担合作风险。

第五节　创新新型农业经营主体的金融技术体系

一、创新征信技术缓解"融资难"

完善的金融技术支持是优化新型农业经营主体金融服务的基础条件。良好的农村征信体系是缓解新型农业经营主体"融资难"问题的重要保障。然而，当前贵州农村征信体系建设仍处于薄弱状态，信用信息搜集成本高，征信技术数据整合能力有限，导致新型农业经营主体难以获得充足的融资支持。随着现代信息技术在农村地区的不断渗透，特别是大数据技术带来的颠覆性变革，为优化农村征信体系提供了巨大支持。"大数据+征信"技术是指利用先进的大数据技术，依托庞大的结构化和非结构化数据库，采用网络爬虫技术、分布式存储以及机器学习等模型算法，刻画全息用户征信画像，对数据展开分析、评估、挖掘，并根据新型农业经营主体的特征及需求，定制"贴心化"的信贷产品，同时在风险可控的前提下降低信贷门槛，让所有新型农业经营主体都有机会获得信贷资金。接下来，基于"大数据+征信"技术的新型农村征信体系应重点从以下几个方面发力。首先是调控层面。政府作为农村征信体系建设的主导者，应抓紧制定相关政策法规，为大数据征信提供法律保障；中国人民银行作为农村征信体系建设的核心，需要加速建设征信基础数据库，推进农户信息采集，同时制定大数据共享标准，消除数据壁垒，解决数据孤岛问题。其次是操作层面。金融机构作为农村征信体系的主要使用者，应尽快推动大数据征信技术的研发与应用，以提升对信贷风险的鉴别能力，并且主动创新农村信用贷款模式，改善新型农业经营主体的金融服务质量。最后是保障层面。要建立健全信用联合奖惩机制，将信用联合奖惩措施作为农村征信体系建设的核心工具，全面营造农村社会诚信氛围。

二、创新定价技术缓解"融资贵"

新型农业经营主体面临的"融资贵"问题主要体现在信贷融资贵方面。利率是信贷的价格，利率定价是否合理直接决定了新型农业经营主体能否以较低的成本获取所需资金。与传统农业经营主体和一般工商企业不同，新型农业经营主体的生产经营与融资需求有其独特性，这要求针对新型农业经营主体的贷款利率定价既要考虑资金供给侧因素，也要考虑资金需求侧因素，从而实现资金供求均衡。目前，贵州一些涉农金融机构仍然使用传统无差别的利率定价模式，针对不同投向、不同期限以及不同客户质量的信贷业务采取"一刀切"模式，定价系统和定价技术流于形式，使得一些优质的新型农业经营主体面临着昂贵的融资成本。创新新型农业经营主体贷款利率定价应从以下两个方面着手：第一，实施差别化的利率定价模式。要借鉴国内外银行业差别化、灵活化的利率定价经验，摒弃传统的无差别利率定价方法，对新型农业经营主体实施分级管理，"量身定制"相关贷款利率，提高资金定价水平。以基准利率加点定价模型为例，首先，通过对金融机构自身的最低预期收益值与风险承受能力进行评估，计算出风险成本并确定"最低定价标准";其次,根据新型农业经营主体所属地区、产业、担保方式、期限,同时结合新型农业经营主体资质等因素得到一个量化的评分;最后,在"最低定价标准"上进行加点,以实现差别化的利率定价。第二,引入先进的定价技术。在收益与风险相匹配的基础之上,将行业内较为成熟的定价系统引入省内涉农金融机构,尽快实现定价系统对不同类别、不同信用情况以及不同还款能力的新型农业经营主体的差异化和自动化利率定价;及时关注同业机构同类产品的利率状况,灵活地设置、调整经营主体的利率定价,使涉农金融机构在贷款利率制定方面获取更大优势。

第六节 本章小结

本章就贵州新型农业经营主体培育的金融服务体系优化路径进行了系统性设计。在金融政策体系方面,要加强高质量的金融政策制定与政策宣传,完善金融政策实施主体机构与实施渠道,提升金融政策实施监管和风险处置能力;在金融组织体系方面,要发挥商业性金融的支农主体作用,健全政策性金融的支农保障功能,发展多种形式的新型农村金融机构;在金融市场体系方面,要有效激活农业信贷市场,大力拓展农业保险市场,建立健全农业资本市场;在金融产品体系方面,要明确农业信贷产品的主体融资作用,突出农业保险产品的风险兜底功能,引入农业担保产品的补充支持机制;在金融技术体系方面,要创新征信技术缓解"融资难",创新定价技术缓解"融资贵"。

第九章 乡村振兴背景下新型农业经营主体培育的金融服务体系优化保障机制

从前文对贵州新型农业经营主体的发展困境、金融服务供需现状与金融服务成效等相关研究，可知贵州培育壮大新型农业经营主体是一项复杂的系统性工程，不仅需要优化金融服务体系，还需要相应的保障机制来确保金融服务政策措施落地生效。为此，本章主要从政策保障机制、信用保障机制、风险保障机制与法律保障机制四个方面着手，对贵州新型农业经营主体培育的金融服务体系优化保障机制进行系统阐述。

第一节 政策保障机制

一、完善农村土地流转政策

农村土地流转是关乎亿万农民切身利益的一项长期性土地政策，也是实现乡村振兴的决定性因素。为了进一步解决贵州省农村发展问题、完善农村土地流转政策，需从政府、金融机构、农户这三个主体考虑，引导农村土地经营权向新型农业经营主体有序流转，进而促进新型农业经营主体培育壮大，推动实现农业农村现代化和乡村全面振兴。

首先，政府作为政策推行与体制保障者，必须切实履职，对农村土地流转工作进行指导、管理和监督，提供支持农地流转的相关服务，引导农村土地有序流转。第一，政府作为第三方组织协调，必须加强政府自身建设，地方政府工作人员要端正自己的态度，从农民利益出发，为农民服务；要主动学习土地流转的相关专业知识和技能，提高服务能力；认真对农村土地流转进行监督，及时发现并反馈问题，完善相关政策。除此之外，政府应将土地流转作为一项政绩来抓，并且给予经济上的奖励政策，但是一定要严格规定政府不可以进行越权流转或者强制流转。第二，为解决信息不对称问题，政府应当建立健全线上线下相结合的土地流转信息服务平台，给予流转双方可靠的土地流转信息服务，引导其运用示范文本进行合同的签订，并提供合理的备案管理、登记归档服务，建立数字化永久性流转台账。而且政府职能部门不仅要严格审查流转合同的基本信息，也要对签订主体，特别是作为土地流入的企业，进行经营状况和履约能力的审查，实现土地适度规模经营。第三，政府应该加快完善和健全土地流转政策法规，真正让农民在土地流转时有法可依、有章可循。土地相关部门应该严格实施产权制度，明确相关土地权利的所有者的法律地位，并且健全土地流转仲裁制度，对流转土地出现的纠纷依法处理，确保不侵害任何一方流转主体的合法权益。

其次，银行等金融机构作为农地流转金融活动的放贷主体，针对土地制定并实行的金融政策会影响农村土地流转的效率与收益。金融机构提供的金融贷款产品与服务，直接关系到农户参与土地流转的积极性。一方面，金融机构可以通过创新金融产品、优化金融服务更好地支持农村土地流转。根据土地流入方差异化特征，不仅要不断增加农户贷款的产品选项，例如，可推出"农地经营权抵押贷""农地收益权抵押贷""政府补助贷"等新型金融产品，而且可以推进银政合作，与政府公益性担保基金、风险补偿基金等加强合作，共同承担土地流转风险，充分发挥信贷的杠杆效应，撬动农地流转的信贷供给，进一步提升金融支持土地流转的力度。另一方面，金融机构可以建立科学的土地价格评估体系，根据影响土地价值的自然因素和社会因素，合理、科学、客观地进行土地价值评估；政府应该提倡金融机构成立农地流转的专营机构，并配备专业的客户经理，加强同农户的沟通，了解农户土地流转的问题；此外，政府应该支持和鼓励农地租赁机构的建立，这一租赁机构可以融合资金租赁和土地租赁两种方式，与金融租赁机构相类似，它可以将散户手中的土地集中起来，为农业经营者提供规模化的土地，并且提倡政府对该类机构实行减免增值税和企业所得税的政策，进而为农村土地流转创造有利条件。

最后，农户作为农地流转主体，在是否进行土地流转中起着决定性作用，完善农村土地流转政策必须将"拥有土地的农户"放在优先考虑的位置，因此在充分尊重农民土地流转自主权的基础上，建议政府在调动农民流转土地积极性和为农民流转土地后提供保障机制两方面进行土地流转政策的完善。具体如下：一是要加大国家种粮直补等惠农政策的力度，使农户积极配合国家土地流转政策；二是深化农村户籍制度改革，由于户籍制度与土地制度、公共政策之间相互关联，既阻碍农民向城市转移的步伐，又使得人地分离从而带来资源闲置和利用效率低下等问题，因此剥离户籍制度与其他相关制度有益于农村土地流转；三是整合各项支农资金，支持农村股份合作组织建设，加入该组织的农户得到土地租金收入的同时，可以得到土地增值收入；四是健全农村养老保险制度和医疗保障机制，要继续推进农村新型合作医疗制度，加强医疗制度城乡一体化建设，消除城乡差异，同时为主动放弃土地经营权的农户发放养老金，提高农民土地流转积极性和土地流转效率；五是健全农村失业保险制度，将失地农民纳入失业保险的保障对象，可以由农户、农村集体组织和政府共同承担保险资金，也可以建立失地农民保障基金，为农户提供专业技能学习培训，合理解决农村剩余劳动力再就业问题，进而提高农地流转率。此外，建立长期为主的土地经营权流转期限制度，可以打消农地经营者的投资顾虑，确保农村土地各方关系稳定，进而提升土地流转效率，促进农业农村现代化发展。

二、建立梯次性的财税政策

近年来，为解决农业经营主体"贷款难、融资难"的问题，国家采用财政和税收政策来积极干预和支持农村地区金融发展，实行金融改革，涉农金融业务持续增长，但在作为农业大省的贵州，其农村金融市场依旧不健全，农民生产经营问题并没有得到很好的解决。农村金融机构所享受的财税支持政策是指财政政策和税收政策，其中，财政政策包括财政补贴和奖励政策，税收政策包括增值税和所得税等相关税种的优惠政策。这些政策在一定程度上提高了金融机构支农的积极性，但是在政策服务对象、覆盖范围等方面存在不合理之处。因此，在政策制定层面，国家可以在不减小支农力度的前提下，进一步优化财税支持政策，建立梯次性的财税政策，为贵州农业发展提供完善的政策支持。

一方面，在现有财税优惠政策的基础上，政府可以从财税政策的优惠对象、覆盖面入手做进一步完善。目前，对农村金融实行的财税支持政策主要针对的是特定的金融机构，例如村镇银行、农村资金互助社等新型农村金融机构，而一些对农业产业化发展提供更大支持力度、更多从事农业信贷的金融机构并没有享受到足够的财税政策，最典型的是农村信用社。长期以来，农村信用社以吸收农户存款、为农业经营主体放贷为主要业务，一直为中国"三农"效劳，由于无法满足财税金融政策对贷款增长率的要求而失去政府财政支持。农业高风险再加上得不到政策的支持，很容易打击农村信用社等此类金融机构的支农积极性，所以，政府应当给予这类金融机构一定的政策倾斜，使其更好地服务于农业产业。此外，大部分财税政策规定由中央财政和地方政府共同出资，但贵州许多农村地区经济实力不允许，多数情况下只能满足自身经济运营，这便导致了一些政策落实不到位。针对这一问题，可以将部分税收优惠、财政补贴和奖励等财税政策弹性化，让地方政府下放权力，由其结合当地农业发展与自身实际情况，在中央设置的优惠区间内，差异化地落实财税政策，从而扩大财税优惠范围。此外，政府应该精简财税政策的优惠对象，根据其信贷投向的农产品类别、农户经营主体等来确定优惠力度，杜绝之前只要是涉及"三农"的机构就给予优惠的把握粗犷、精准度不够的方式。

另一方面，政府可以从财税政策结构、支农力度以及政策作用时效性等方面来改善，以克服政策的临时性和应急性，增强现行财税支持政策的长远性和系统性，提高农村金融机构支农服务的积极性。在完善财政政策方面，为鼓励金融机构为农业经营者提供融资服务，政府可以为发放低利率贷款的支农机构提供利差补贴，但是，相对来说贴息政策和支农增长补贴难以科学操作，对于金融机构而言，并不是一种长效激励机制。因此，政府应该实行梯次的贴息奖励机制，依据金融机构带动贫困农户脱贫相对数量的不同，合理确定梯次贴息比例。差异化的分级贴息机制能够高效利用、合理配置财政资金。在税收政策方面，当前广泛实行的税收优惠政策能够有效降低机构成本，且不会给农村地区金融市场的资源配置带来影响。税收优惠政策的优化可以从税基式减免、税率式减免、税额式减免和延长税收优惠期限入手，例如，为农业提供贷款的金融机构部分使用3%的低税率政策，是否可以进一步实行1%的更低税率呢？对于一些主要为家庭农场、农业大户提供金融服务的机构，是否可以实行免税政策？在计算金融机构企业所得税时，可以增加其税前扣除项目，或者加大税额减免力度。此外，一些税收优惠政策是阶段性优惠政策，这使得金融机构有时会因为优惠时限而谨慎放贷，这种情况下，建议延长税收优惠期限，满足金融机构预期，促进经济社会发展与稳定。

三、优化农村产业融合发展政策

近年来，中国在农村产业融合的道路上取得了一定的成绩。但是在贵州小农经济占主导，由于农民传统意识较强、农业基础薄弱、农业主体带动能力较弱等原因，三产融合的道路并不顺利、步伐并不够快。因此，应当着力优化农村三产融合发展政策，促进贵州农村发展模式的转型升级，助力解决"三农"问题。

首先，农村产业融合发展政策在正常推行之前，需要一定的传导机制将该政策传达给实施对象，让相关参与主体了解其基本信息。在政策的传导过程中，县级和乡级政府发挥着不可替代的作用。一是要加强产业融合政策内涵的宣传，提高农户和农业经营主体对该政策的认知度，也可以通过先培育一批农村产业融合示范园区、龙头企业，树立政策典范，加强农业经营主体对农村三产融合的认可，还可以充分利用当前微信公众号、抖音号、微博等网络平台加强产业融合知识的宣传普及；二是组织对各类基层的培训，加强基层对农村融合发展的相关政策内容的培训，这类培训主要涉及村级负责人和龙头企业等新型经营主体，培训方式可以采用线下课程培训、组织基层深入融合发展产业园进行学习、组织各类下乡活动等，使得农村产业融合政策的落实由被动变为主动。

其次，农村产业融合发展的实现，需要对土地、资本等实施支持政策，增强农村产业融合政策的系统性。一方面，农村土地是产业融合的关键要素，对土地要坚持国家所有，放活土地经营权，以农业与二、三产业融合发展为导向，形成农村地区现代化产业基地。农民可以将土地作为投资资本入股集体股份合作社，从事农业生产经营；农户、家庭农场等专营农业生产的组织也可以以土地流转方式与加工企业深入合作，形成一、二产业融合发展模式；农民还可以将土地出租给旅游公司，形成一、三产业深度融合发展模式。另一方面，在农业与二、三产业融合发展政策实施过程中，由于贵州农村发展较慢，农民收入较低，推行农村产业融合发展政策需要优化涉农资金链、财政优惠等政策。加大财政支农投入力度，将农业综合开发资金向农村产业融合发展方面倾斜；建立财政金融专项资金投放平台，成立以财政资金为引导的融合发展基金，这些措施将实现国家投资入股模式，使产业融合发展有了国家这一最可靠的坚实后盾；政府可以通过鼓励与支持农村产业龙头企业发行债券、股票进行直接融资，引入社会资本支持农村产业融合发展，增强农村资金支持。此外，政府可以通过尝试建立负面清单制度，将不符合农村产业融合发展的企业排除在发展体系之外，提升农村产业融合效率。

最后，加快完善相关配套政策，创造良好的农村外部条件和公共服务条件，为产业融合发展提供动力。政府可以建立健全农村创业就业的政策保障制度，吸引优秀农民、具有专业技能的农户等主体返乡，鼓励农学专业毕业生、退伍人员、城市资源等主体下乡，为农村融合发展提供人力支撑；政府要切实落实支农惠农政策，尤其是贵州山地农业科技化方向，可以在每个乡镇配备几名农业科技人员，加快农业现代化发展进程，也可以整合农业教育专项资金，开展农业生产技术、农业管理技能、金融支持农业等相关领域课程的培训学习，促进农业朝着专业化发展；此外，要想实现农村产业融合发展，必须具备完善的基础设施条件与健全的公共服务供给，所以政府要以财政资金为主导，加快乡镇道路、环境治理、网络设施等的建设，为产业融合发展提供便捷、绿色的环境。因此，政府可以在人才、科技、公共设施方面出力，为农村产业融合发展提供最基本的保障。

第二节　信用保障机制

一、健全新型农业经营主体信用评价体系

随着经济社会的发展，贵州省各级政府越来越注重社会信用水平的提高，于 2023 年 1 月 1 日正式施行的《贵州省社会信用条例》，是贵州省第一部社会信用体系建设地方性法规。近年来，贵州大部分农民的信用意识得到了显著提高，但是农村地区信用制度体系依旧不健全。完善新型农业经营主体的信用评价体系，克服农村地区信用征信体系不畅通，不仅可以促进其经营更加规范化、专业化，而且有助于获得金融机构的信贷支持，促进自身健康发展。构建科学有效的信用评价体系，不仅要健全信用评级指标，还要注重评价体系建设方法的更新，从而减少金融机构与农户之间的信息不对称，降低信贷风险，使金融机构更好地支持农业经济主体融资。

一是根据新型农业经营主体的不同特点进行分层、分类，并结合其实际运营模式，完善不同的评价指标体系，强化信用信息更新机制。当前存在的四种新型经营主体大致可以分成三大类：家庭经营类主体包括专业大户和家庭农场；合作经营类主体是指农业合作社；企业经营类主体是指农业龙头企业。在构建评价指标体系时，不同的类别关注点不同。家庭经营类主体的信用指标应该注重家庭和雇用劳动力、固定资产和运输工具、还款意愿、家庭收支情况 4 大类指标在整个指标体系中的重要性；合作经营类主体的信用评价指标应该更加注重合作社治理结构、法人诉讼记录、纳税记录等指标；企业经营类主体的信用评价指标应该重点关注声誉信息、财务状况、管理水平等指标的细化。而这一信用指标体系并非一成不变的，需要注重指标体系的及时更新。随着农村地区的不断发展，各个经营主体也会发生质的变化，可建立"金融机构更新信贷信息""农村产权部门更新农户资产信息""乡镇和村协助金融服务中心更新农户基本信息""社会管理信息""税务部门更新税收信息""四位一体"的信用信息更新长效机制，提升信用评级体系的全面性、有效性和准确性，同时也为金融机构提供必要的参考和决策依据。

二是要加快对新型农业经营主体的信用体系的建设。政府应该充分发挥主导作用，鼓励并支持第三方信用评估机构和信息科技公司深入农村调查，完善各项信用信息评价指标，并整合各机构组织共享的信用信息为新型经营主体建立资信档案，这一档案像个人信用档案一样与其信贷行为密切相关。在金融机构放贷时，可以为资信档案记录良好的农业经营者开通"绿色通道"，简化其贷款流程，而针对信用记录不太好的主体，金融机构在信贷额度、期限等方面要做出相应调整，严防信用风险。充分利用区块链、大数据等高新技术，整合各类信用信息，建立覆盖省、市、县、乡、村五级的农村信用信息综合服务平台，简化对新型农业经营主体授信流程，降低金融机构的信息搜集和利用成本，同时提高农业经营者获得信贷资金的效率。此外，政府应加强信用评价体系的合规管理。其中，新型农业经营主体积极配合做好征信工作是构建信用评级体系的基础，应高度重视被采集人信息安全保障问题。要厘清信息采集的边界，制定信息采集、整理、评价和应用的规范流程，确保信息采集与应用符合中国相关法律法规的规定；同时完善用户管理、用户监督和举报等机制，确保经营主体的信息安全使用。

二、完善新型农业经营主体信用担保体系

贵州地理环境独特，气候立体多样，自然生态良好，近年来交通条件显著改善，省政府提出要加快发展现代山地特色高效农业，建设农业强省，这一发展目标，使得新型农业经营主体对资金融通的需求不断加大。然而由于农业面临不可预测的巨灾风险，再加上农村地区发展缓慢，较难达到符合金融机构信贷的担保条件，因此担保物的缺失是新型农业经营主体亟须解决的关键问题。为摆脱新型农业经营主体融资困境，为其稳定发展提供必要的资金支持，应该积极尝试和探索多种抵（质）押担保形式，扩大抵（质）押担保范围，同时要借鉴"旺农贷"等新型担保产品，不断创新并完善信用担保方式。

对于那些无法提供符合条件的抵（质）押物的新型农业经营主体来说，可以在农村建立信用评价体系的基础上，借鉴信用担保的成功案例，继续探索纯信用贷款模式。一是可以学习蚂蚁金服推出"旺农贷"这一供应链金融模式的信贷产品。在该模式中，有三个参与主体，分别是新型农业经营主体、网商银行、电商平台，其中网商银行是蚂蚁金服旗下的业务，电商平台主要是中国生鲜电商领头羊易果生鲜和阿里电商，新型农业经营主体通过价值链获取贷款，开展农业生产，在销售农产品时，又通过旺农贷村淘平台进行销售从而获得资金，一部分资金偿还贷款，剩余资金作为经营主体的收入。这种"金融+电商+农业生产"模式，将线下熟人圈信息优势与互联网线上大数据风控模型相结合，构建稳定的资金链，实现农业生产整个经营过程、各个环节紧密相连，形成了完整的农产品供应链金融模式，为无抵押、纯信用的新型农业经营主体提供了资金支持，值得继续深入探索。二是针对一些资金需求较小的新型农业经营主体，可以采用"小组联合互保"的模式，发放贷款。具体来说，这种模式是将家庭经济情况、贷款用户相似的农户和企业放在一个联合小组内，农户与农户之间、企业与企业之间依据自愿原则，形成联合互保模式，小组内成员既可以借款也可以放贷，互帮互助且风险共担。任何一方有贷款需求时，大家都会帮忙，同时设置一个法务部门，监督每位成员是否具有骗贷、违规拖欠贷款等行为。与这种模式相类似的纯信用的贷款模式是一种比较有效的信贷模式，值得借鉴与推广。此外，农业产业链融资模式也是一种值得积极探索的信用担保模式。基于新型农业经营主体与产业链上下游企业的关

系，通过产业链上下游核心企业为新型农业经营主体提供信用担保，实现贷款融资增信。这种信用担保方式，不仅能解决新型农业经营主体融资问题，而且充分利用产业链上的信息优势与利益相关者特点，加强产业链上企业之间的沟通联系，降低违约风险，形成长期稳定的合作关系，从而优化农村信用合作环境。

完善新型农业经营主体信用担保体系，是完善农业金融支持措施和促进农业产业化发展的有效手段。这一体系的完善也要注重建立健全农村信用基础设施。一方面，要加大互联网对信用担保的支持，完善农村的互联网基础设施，利用大数据和云计算技术，结合较为成熟的线下渠道共同支持新型农业经营主体的信用融资模式，降低交易成本的同时保护借贷双方的利益。另一方面，贵州省近年来注重对区块链技术的应用，可继续推广遵义市首笔基于区块链技术的林权抵押贷款，不断探索"区块链+产业"的技术系统，这一系统借助区块链技术建立信任，构建跨机构的可靠的互联网基础结构，形成覆盖全农村地区的信贷服务网络，不仅提高贷款效率，而且可以利用智能合约在相关机构之间实现信息共享，不断创新信用担保体系。此外，要加强法律对信用担保体系的保障和监督，确保信用担保方式的合理运用，监督新型农业经营主体及时还贷，避免出现恶意拖欠等损害担保方和金融机构利益的情况。

三、营造良好的农村信用环境

信用环境常常被人们所忽视，然而，建立和维护良好的社会信用环境对于促进防范化解金融风险具有重要的意义。在贵州农村地区，由于农民受教育程度普遍较低，信用意识薄弱，再加上农村金融市场信息不对称问题严重，所以农村地区长期存在信用缺失问题。因此，在贵州弘扬守信光荣、失信可耻的社会风气，营造良好的农村信用环境，将有利于金融机构增加对新型经营主体的信贷投放，提高金融服务质量，切实维护农民利益、农村金融稳定，促进农业高质量发展。贵州各级政府、金融机构、农户和新型农业经营主体等各方需要继续共同努力，为农村地区营造一个风清气正的金融环境。

政府层面。建议政府运用部分财政资金加大信用知识宣传力度，教育农民诚实守信，开展信用文化建设，并积极开展信用调查，根据对各个农业经营主体的了解，对其进行信用等级划分，并建立各主体的诚信档案，这一档案与主体是否能够获得贷款、贷款额度等密切相关。为鼓励各农业经营者诚实守信，政府可以深入开展信用户、信用村、信用乡的评定工作，设定不同的信用等级，对那些"上榜"的主体提供信贷优先权、利率优惠、奖金等，也要注意评定工作的合理化、信息公开化、透明化，接受大众监督，避免出现违规行为。此外，政府应该不断加强信用制度的制定和完善，对信誉良好的农户和新型农业经营主体给予一定的奖励，而对那些存在失信行为的主体采取严厉惩治措施。例如，可以实行名单制管理，若发现某一新型农业经营主体在获得信贷之后，资金用途与合同约定不一致、骗取国家财政补贴、恶意拖欠贷款等违法违规行为，政府应立即开展调查，确认违规真实存在的情况下，责令其在规定期限内改正；倘若出现依旧不改的行为，建议将该主体纳入失信名单，强制收回扶持资金，并利用信息联动机制，提醒各金融机构注意，同时发挥媒体的作用，曝光其失信行为，达到教育相关经济主体的目的，营造诚实守信的农村环境。

金融机构层面。农村金融机构应该积极主动发挥其对贵州信用环境建设的推动作用，定期委派工作人员深入农村开展理财知识的主题活动，端正农户和新型农业经营主体对金融机构的态度。金融机构也可以和政府合作，加强对信息不发达地区的信用知识教育，以讲解实际金融案例等更接地气、更通俗的方式，将信用知识传授给农户，提高各经营者对农村信用体系的认知。金融机构自身也要加强建设，在维持自己经济利益的基础上，提供真正惠及农业经营者的信用产品，增强其对金融机构的信任感。任何一个人都是根据收益最大化原则进行决策和行动的，如果失信行为会使自己获利，就会发生失信行为。因此，金融机构应该加强同其他机构之间的信息共享，共同建立失信人员黑名单，加强惩戒。金融机构可取消黑名单中成员的信贷权限，将信用风险扼杀在萌芽之中，维持农村正常的金融环境；对于那些征信良好的主体，金融机构也应该给予奖励，适当降低其贷款利率、简化信贷流程等，形成农业经营者与金融机构双赢的局面。

法律层面。贵州农村地区的征信体系不完善，很大一部分原因在于贵州多山区、多民族的农村经营环境，经济体庞大且分散，缺乏法律和制度的明确性保障，极大地限制了对农户征信活动的开展。为培育更好的农村信用环境，更快更稳推进农村现代化建设，应做好以下工作：一是要在农村地区开展宪法法律及诚信文化宣传，例如，市司法局工作人员与普法志愿者可通过发放宣传单、讲解法律知识等形式，向农民宣传道德诚信、失信惩治等有关知识，普及《中华人民共和国民法典》相关法律知识，重点讲解社会信用的重要性，倡导形成"讲诚信、重信用"的观念，同时扩大社会层面对司法行政法律服务工作的了解和认知，营造"知信、用信、守信"的社会信用环境；二是要加快建立和完善农村地区信用体系和征信体系的法律法规，从地方立法的层面保障信用环境的形成和发展，例如出台相关行政法规，根据不同的融资额度划定违约程度，并定期通报批评失信行为，对存在失信行为的主体降低其资质等级，限制其开展生产经营活动或吊销许可证，并规定在一定时间范围内不得再从事相关经营活动，严厉打击各种逃避金融债务的行为，让农村信用活动暴露在法律环境中，营造公平、开放的信用环境。

第三节　风险保障机制

一、建立风险防范机制

从 2022 年开始，贵州省人民政府门户网站与贵州省地方金融监督管理局合作开展"服务实体经济、防控金融风险、深化金融改革——贵州地方金融在行动"专题，重点呈现金融相关工作，促进地方金融业健康有序发展。但是在贵州省许多农村地区，金融生态环境还不尽如人意，信贷风险是农村金融机构不可避免的一种风险。建立风险防范机制是防止发生金融风险的第一道防线，针对如何建立风险防范机制，可以从制度和信贷放贷流程两方面一起抓，降低风险发生的可能性。

在制度的制定和执行方面。当前，农村金融机构主要参照、执行的基础制度对公司业务主要起到规范引导作用，但是由于农村环境复杂，在制度实践中，需要结合当地新型农业经营主体和农业产业发展情况，因地制宜地探索适合当地的金融制度。因此，地区金融机构可以在充分考虑政府对当地农业政策和当地实际状况的基础上，制定更加严谨、更具操作性和适用性的信贷风险管理制度。为确保制度的有效执行、达到良好的执行效果，必须重视工作人员素养和制度执行监督两个关键影响因素。金融机构不仅要提高员工对该项制度的认知，更要加强管理部门对制度执行和落实情况的定期或不定期检查，对于发现存在不正当行为的工作人员要及时制止和惩罚，避免引发严重信贷风险。此外，要建立良好的风险管理文化，能够在风险发生时，工作人员可以根据内心的准则及时做出符合本公司发展的正确决策，同时，公司文化的培养对政策制度等的执行起着较好的促进作用。

在信贷放贷流程方面，农村金融机构要建立一套完整、系统的风险预警机制。有效的风险预警机制在信贷风险防范中发挥着重要的作用，如果金融机构能够及时精准地预判到农业经营主体的违约风险，就可以让农村金融机构提前采取相应措施，将风险扼杀在摇篮之中的概率会得到大幅度提升。设立该风险保障机制需要与农村金融机构发放贷款的流程紧密配合，也就是说在放贷前、中、后三环节都要坚持审慎经营的原则。具体来说，在放贷前，金融机构需要实事求是收集对支农服务对象的业务发展、财务和经营情况、资产真实性、信用信息等基本信息，科学专业地分析此服务对象的实际还款能力。在放贷时，规范信贷业务操作程序，可以成立贷款审批委员会进行专业审批，对信贷风险进行严格评估和测定，并做最后的判决，同时金融机构也要促使监管部门加强对贷款审批的监督，使放贷流程更加透明化、规范化和制度化。放贷后，加强贷后管理至关重要，金融机构可以在村镇、农业龙头企业和合作社等指派第一线人员，即客户经理，及时深入地了解客户企业的财务状况和资金往来流水，对借款人和还款人了解到位，一旦出现还款人违约风险，立即向总机构进行汇报；客户经理要密切追踪并定期监测贷款资金用途是否与合同约定的资金用途一致，贷款运作出现问题要及时处理，机构也可以采用现场检查、远程监控等方式监测客户发展状况，防止形成不良贷款；相关机构还应该加强对信贷抵押物和还款来源的专项检测监督，关注其价值变动情况，若该抵押品实际价值减少，可要求客户企业提供补充的抵（质）押品；此外，客户经理需要定期回机构开会，反映各个负责区域的实际状况，若同类贷款出现风险苗头，金融机构需要有针对性地制订风险防范或化解方案，防止出现系统性风险。最后，在整个信贷业务流程中，要灵活运用互联网技术、区块链技术等现代化手段，提高信贷风险防范机制的运行效率。

二、构建风险分担机制

贵州 GDP 增速领跑的主要动能之一是农村经济产业革命的扎实推进，农业在贵州发展大局中发挥着"压舱石"的作用。而农业产业是一个高风险的行业，通常农业生产周期长，有些农作物甚至要一年才能够获得收益，一旦出现恶劣天气等自然灾害，农户与新型农业经营主体便会颗粒无收，这对于农业来说是一种不可控制的巨灾风险，而为农业提供资金支持的金融机构也不可避免地需要承担由此带来的较大的资金损失。贵州农村经营主体可抵押的担保物较少，导致金融机构在风险发生时出现贷款无法收回等情况，很多机构出现"惜贷"行为，农业农村发展受到限制。因此，构建农村风险分担机制对于农业经营主体和金融机构规避和分散风险具有不可忽视的重大意义。

现阶段，在实施乡村振兴战略背景下，贵州农村地区得到中央财政的有力支持，广泛实施农业保险制度，通过大力发展这一保险业务降低农业产业化发展过程中的运作风险，减少金融机构的"惜贷"行为。有了农业保险的保障机制，即使出现风险也不至于由金融机构承担所有的信贷风险，在一定程度上推动了农业产业化组织和金融机构相互促进、良性循环发展。但是由于贵州农村金融市场体系还不健全，农业保险作为一种农业风险分散和补偿机制，仍旧存在一些问题，例如农业保险种类、涉农范围不足以满足农户需求以及农业保险支持力度不够等。面对这些问题，需要进一步优化支农服务，让农业保险成为支农服务稳定的助推器。首先，在今后的工作中，应鼓励保险机构开展涉农保险，针对涉农保险机构可以根据其涉农贷款总额、贷款业务总量等划定涉农程度等级，根据不同的等级实施不同的税收减免、税率降低、增加税前扣除等税收优惠政策，形成"政策性保险引导、商业性保险补充"的农业保险格局；其次，保险机构可根据当地农村产业结构创新农业保险产品，同时扩大保险覆盖面，保持保险业与农业结构恰当融合；再次，农业保险机构可以创新农业保险实施模式，建立政府政策支持、保险机构担保和农户谨慎经营相结合的长效保障机制；最后，政府可以采取补贴政策，同投保的农业经营主体共同承担保费支出，进而提升农户投保的意愿。

农产品市场价格水平的变动直接导致农户收入的变动，因此，不管是农户还是支农金融机构都会十分关注市场价格及其走势。市场价格和供需的提前正确预判，对农业生产者稳健经营、支农金融机构规避风险都具有不容小觑的意义。而农产品现货市场仅仅能够提供当下市场价格和供需情况，对未来价格和供需走势的预测需要依靠农产品期货市场，依据该市场信息实行科学的计划生产，能够降低农业经营风险。此外，农产品交易者也可以通过"买入期货市场产品同时卖出现货市场产品"的相关方式进行农产品套期保值，在一定程度上也是对农业经营风险分散的有效保障措施。农产品期货市场给农业生产者和交易者提供了风险规避和分散的场所，而贵州省农产品期货市场发展缓慢，因此要注重此期货市场的建立与规范化管理。

三、完善风险补偿机制

贵州农业风险补偿机制受到政府的密切关注。为帮助暂时资金周转困难的农村新型农业经营主体渡过难关，省农担公司秉持政策性农业担保的属性，成立省农业担保风险纾困资金池。但是对于主要服务于农村地区的金融机构而言，其主要面临的风险就是信贷违约风险。而这种风险的存在会使得鲜有保险机构愿意为农业经营者投保；当风险发生时，农民只能自己承担全部的风险损失，而支农金融机构的贷款也无法及时得到偿还。因此，贵州各级政府应该完善农村地区的风险补偿机制，为金融机构提供一种客观、安全、可靠、可行的方式抵消风险发生后所需承担的损失。这类补偿机制可以从政府财政补贴、建立风险补偿基金、增加风险准备金三方面进行逐一完善。

首先，完善财政支农补贴机制。当发生风险时，最直接、最快速的方式就是政府对风险损失的补偿。一是政府可以根据财政预算，通过财政补贴的手段，针对自然灾害等不可抗力因素造成的不同程度的损失，给金融机构和农业生产经营者发放适度的补偿资金，帮助他们度过暂时性的困境。其中，给农户发放补偿金额的大小应该与受灾农产品类别、农户种植亩数等相结合，保证农业经营者受助公平公正，同时政府也应该加强对补助资金发放过程的监督，避免出现不合规发放事件。对于金融机构的补偿，政府可以采取财政贴息方式，发挥其宏观调控作用。二是政府可以通过财政增补资本金的方式，例如通过减免税金并将减免额转增金融机构的资本金，这种转增资本金的方式对支农金融机构也是一种补偿机制。三是政府对金融机构所面临的风险进行合理评估，可以采用降低该机构存款准备金率、向央行再贷款利率以及适度安排免息专项借款等方式，降低金融机构经营成本，进而减少风险所带来的机构亏损。

其次，建立农贷风险补偿基金，对农村金融机构进行合理补偿，帮助面临农贷风险的金融机构化解风险并恢复正常经营状态。在组建农贷风险补偿基金时，不仅要确保充足的资金来源，而且还要注重基金管理方式。

贵州省政府可以引导县市两级政府共同出资，根据当地农业发展情况，设立适合本地的风险补偿基金，以此解决当地农贷风险补偿问题；政府也可以积极探索，建立与地方村镇银行等金融机构的良性合作，将风险补偿机制前移，同时也能够给当地农业经营者带来便捷地获取补偿金的途径；政府还可以引入社会资金，与当地实力相对雄厚的龙头企业、农村合作社共同出资建立风险补偿基金。不管该基金是通过哪种方式建立的，对该风险补偿基金的管理都是至关重要的，应构建科学合理的管理方式，设立专门的基金管理部门进行基金运作，同时加强对基金的运用和审批的监督，从而确保资金独立、专门管理并专款专用。这一专项基金的建立，有助于支农金融机构在经历风险之后尽快恢复正常稳健的经营。

最后，增加风险准备金也是一种支农风险补偿机制。农村金融机构应该在对贷款客户进行风险等级评价之后，依据该客户的风险度，预留一部分资金作为风险准备金，该准备金类似于银行在央行预留的法定准备金和超额准备金，可以用于发生风险时的紧急情况。支农金融机构可以根据经营主体的风险级别、信用级别等设定不同的风险准备金率，同时也要建议贷款主体在投入生产经营时，要预留出一部分"超额准备金"，将风险损失降到最低。

除此之外，政府和支农金融机构都应该组建常态化的风险应急小组，在风险初露时就立马采取措施，尽量弥补和挽回农户或金融机构的损失。也要进行风险事件名单制管理，定期监控风险处置进度和效率，确保风险波及主体尽快恢复正常，也可为此类风险处置提供历史经验。

第四节　法律保障机制

一、明确新型农业经营主体的法律地位

近年来，贵州新型农业经营主体不断发展壮大，在实现山地农业现代化进程中发挥着"先锋队"的积极作用，同时带动传统小农户朝着更加理想的方向发展，形成了良好的农村发展环境。虽然新型农业经营主体蓬勃发展，但是他们在获得金融支持方面依旧受到一定程度的限制，而这一限制归根结底是由于当前贵州主要是通过采取政策手段对其进行规范和调整，缺乏明确其法律地位的相关法律法规。事实上，明确经营主体的法律

地位，是其有序参与社会经济活动、获得金融支持的前提。同时，明确的法人主体资格和法律主体地位，规范了新型农业经营主体的生产经营方向，也为其正常履行权利和义务提供了强制力保障。

截至当前，《中华人民共和国农业法》《中华人民共和国公司法》等相关法律法规对专业大户、农业产业龙头企业这两类新型农业经营主体的法律地位做出了明确规定，政府监督和金融机构支持体系相对成熟；《中华人民共和国农民专业合作社法》明确规定，依据此法注册登记的农业合作社具有法人资格，但是并未细化法人类型，在一定程度上模糊了法律组织形式，大部分地区将其定义为企业法人。而根据《中华人民共和国民法典》的规定，企业法人是营利性法人，这与农业合作社成立的初衷相悖，需要进一步明确农业合作社的法律地位；尽管近年来贵州省内家庭农场迅速发展，但贵州省地理环境广阔，农业发展具有本土特色，对家庭农场的法律地位还没有形成统一的认定标准，相关法律条文也只是零散出现在其他专项法律文件中，更多的是中央政策性文件。但政策不同于强制性的法律，应该推动相关政策向立法的转化。根据上述分析，需要依法确立新型农业经营主体的市场准入认定标准和法律组织形式，特别要进一步明确贵州省农民专业合作社和家庭农场的法律地位，维护其合法权益。

依法确定新型农业经营主体的市场准入认定标准是明确其法律地位的前提。贵州省作为农业大省，农村问题复杂多样，农业资源禀赋差异较大，很难形成统一的市场准入标准，因此需要各地级市和县级政府积极开展调研工作，了解本地区家庭农场、农业合作社等新型农业经营主体的资金、财务状况、土地规模、工作人员以及主要经营者的信用状况、参与本组织的模式等基本情况，整合资料，以此来制定相应的地方性法规或部门规章，依法规定新型农业经营主体的资质认定条件、生产与经营规模的认定标准、工商登记认定标准等。而不同的法律组织具有不同的法律权利与义务，而且享受国家财税政策、金融支持等制度也不相同，因此明确区分经营主体的法律组织形式也是必不可少的。一是对于专业大户和规模较小的家庭农场而言，类似于现存的个体工商户或者个人独资企业，所以此种类型的经济组织可以按照《个体工商户条例》或《中华人民共和国个人独资企业法》相关规定进行工商税务登记注册。二是针对规模较大的家庭农场、农业合作社和龙头企业而言，由于具有较雄厚的资金优势，类似于企业法人，能够承担起相应的责任和风险，因此可以适用《中华人民共和国公司法》相关规定到相关部门进行工商登记。法律地位的明确不仅方便政府对经济主体的监督管理，而且方便金融机构明确借贷组织资格，最终金融机构能够提高放贷效率，农业经营者也能够获得金融机构的有效资金支持。

二、完善农村正规金融的法律法规

在贵州农村地区，普遍存在着金融抑制现象，农村金融体系呈现典型的二元经济结构特点，包括正规金融和非正规金融两部分。正规金融受到银行和金融市场监督管理部门的监督，这类金融机构可以划分为政策性金融机构、商业性金融机构、合作性金融机构以及新型农村金融机构。政策性金融机构主要以中国农业发展银行（以下简称"农发行"）为主，其不以营利为目的，通过政府的政策性指导，扶持农村金融发展，以达到资源配置的合理均衡。随着金融市场不断发展，这类金融机构也形成了一定程度上的市场化、商业化的运作模式。虽然农发行一直以服务"三农"为工作主线，但在政策落实时出现了偏差，导致中央银行财政资金不能发挥预期作用，目标产业没有得到很好的发展，而真正需要帮助的产业并不在政策支持范围内。商业性金融机构主要以农业银行、邮政储蓄银行和农村商业银行为主，这类金融机构不断明确"立足'三农'、服务'三农'"理念，根据现有资金、网点、专业性等优势，在助力贵州实现乡村振兴道路上发挥了积极作用，并取得了卓越成绩。然而这类金融机构相当于农村资金的"抽水机"，形成了农村资金外流于城市的局面。此外，商业银行有些严格的贷款制度及审核标准，由于农业本身的弱质性，商业银行不敢放贷给农业生产经营者，而且农民也不乐意将资金存入正规金融机构，这就出现了双重抑制现象。合作性金融机构主要以农村信用社为主，农村信用社目前已经成为农村金融市场最大的供给体，是联络农民的重要桥梁，但由于农业固有的周期性，该机构出现拒绝为信贷需求大的农业经营者提供贷款服务的情况，导致出现非农化的倾向。同时贵州农村信用社的征信机制尚不完善，需要进一步优化。随着农村金融市场的不断发展，逐渐出现不同于传统金融模式的一些新型农村金融机构，包括村镇银行、小额贷款公司、农村资金互助社等，这类金融机构是对其他正规金融机构的补充，促进了贵州农村金融市场差异化竞争，严重压抑的农村金融得到了一定的释放。根据以上分析，应该构建更加完善的金融体系，让正规金融机构更多地惠及农民，更好地服务于农业发展。

贵州省农村地区正规金融没有得到很好的发展，原因在于针对农村金融市场的法律法规的滞后性和不完善性。一方面，要不断完善正规金融相关的法律法规，可以借鉴国外经验，制定相关的法律规范，清晰地划分每个银行的责任和义务，并建立健全各个农村银行发展的考核体系，避免经济纠纷的出现，防止农村金融机构非"农村"现象的发生。例如，针对政策性金融机构，制定相关法律法规，规范金融机构的资金投放方向和优惠政策适用对象范围，避免出现一些投资主体享有获取资金优先权而实际需要资金的主体得不到资金支持的现象；针对商业性金融机构，地方政府可以制定相关地方性法规，规定投放在农村产业的贷款占农民存入资金的最低比例，防止出现非农化；针对合作性金融机构，颁布相关法律政策，依法保护农民和合作社的财产权，规范农村信用社的运营模式，使其达到标准化和程序化；等等。另一方面，要建立健全监管法律法规，不断完善农村金融机构的监督体系。要适度放宽农村金融机构的准入条件，加强对机构设立的监管。制定法律法规，规范地方政府的职责，杜绝政府官员为达到政绩而对正规金融机构进行资金"掠夺"现象，同时也要加强对正规金融机构人员工作的全面考核，制定相关行政法规，不间断考核正规金融机构的社会服务绩效，调查农民满意度，制定对贪污腐败的工作人员实施严格惩治的法规。在市场化、商业化的基础上制定和完善相关的法律法规，规范正规金融机构，减少信息不对称等带来的道德风险和逆向选择等问题，提高正规金融为农村地区发展服务的水平与效率，不断完善和健全农村金融体系，为贵州农业高质量发展提供良好的外部环境。

三、建立农村非正规金融的法律法规

随着经济的不断发展，贵州省农村金融市场中除了存在农业银行、村镇银行等正规金融机构以外，还涌现出大量的非正规金融机构。非正规金融游离于国家、政府的管控和法律法规规定范围之外，为农户与新型农业经营主体提供相对零散的金融交易服务。相对于正规金融而言，这种非正规金融最大的特点是以信用为纽带，主要运用于熟人熟事之间，形成了农户与农户之间、农户与企业之间、企业与企业之间的一种资金融通关系，这种关系的形成不需要借款方满足十分严格的信贷抵押条件，使用去繁化简的信贷审批和催债流程，具体形式有私募基金、农村合作基金会、民间

借贷等，已经存在并运行了多年。在加快贵州山地农业现代化、实施乡村振兴战略背景下，新型农业经营主体的数量呈现井喷式增长，资金需求也因此上升，但是由于农业自身具有高风险性且没有符合规定的抵押物做担保，正规金融机构"惜贷"现象严重，贵州"三农"融资难题有待缓解。而非正规金融准入门槛低、资金融通模式多样，成为为农村产业化发展提供资金的重要主体，现代经济市场的正常运行已经离不开这类金融。但是非正规金融建立在人情社会基础之上，其交易活动大部分没有一个合法的审批流程，也没有合法地位，潜在风险大，容易演变成高利贷、非法集资和放贷等违法行为。近年来，贵州金融借贷法律事件屡屡发生，产生这一现象的主要原因是非正规金融没有完善的法律法规来明确其法律地位。具体来说，非正规金融即使愿意承担较大的风险为农户和新型农业经营主体提供贷款服务，也通常得不到法律的支持，甚至存在对非正规金融与非法金融的模糊定义而禁止和打击非正规金融的发展。在此背景下农村经济也会受到严重影响。如何完善法律法规以确保非正规金融机构的健康发展是一个急需解决的问题。

现行的法律体系中缺乏针对非正规金融的专门立法，对其相关法律规定也分散在不同的法规之中。由于地方性法规效力层级低、权威性低等问题突出，其合法地位不被认可，降低了非正规金融放贷积极性，一定程度不利于此类金融对农村发展的带动作用，并且容易诱发犯罪。因此，制定专门的非正规金融的相关法律既有利于其规范发展，也有利于贵州"三农"金融服务进一步实现增量、扩面、降价。首先，要适度降低并科学优化非正规金融的准入门槛，既要保证能让几乎所有的非正规金融进入市场，又要确保其合法化。只有这样才能既保证农村金融市场稳健运行，又不会减少农户和新型农业经营主体的资金来源。为达到这一目的，一是要降低对非正规金融的资金和财务指标等的相关要求，二是要简化对一些小微型机构组织批准成立的程序，可以直接由当地金融监管部门审批。其次，要完善非正规金融领域的立法，立法的缺失是使得非正规金融准入难的主要原因。可以由国家出台一部专门针对非正规金融的总则，来规范其在农村地区总体的运营情况，同时也要加强与民间高利贷、洗钱等非法金融的严格区分；贵州省各级政府再根据当地实际情况，制定并完善相应的地方性法规。可以从非正规金融的主体、运营形式、享有的权利和承担的义务、风险防范等方面做出严格规定。最后，要加强对非正规金融的监管，金融监管是保证市场秩序良好、公平竞争和防范金融风险的重要手段，脱离金融监管会加大经济危机出现的可能性。在金融监管方面，一是要明确金融监管的主体，规定好各个机关的权力和职责，避免形成先前"十八部门各治一方"的局面；二是要加强对非正规金融活动的全方位监督，不仅要明文规定并不断完善审查制度，严格审查非正规金融的管理人员资格、财务运行状况、经营范围、融资管理办法等，而且要做好对非正规金融信息的披露，从而能够让监管部门及时发现运营问题和可能存在的风险问题，减少金融爆雷事件的发生，保证贵州农村金融市场的蓬勃发展。

第五节　本章小结

本章在前文研究的基础上，就贵州新型农业经营主体培育的金融服务体系优化保障机制进行了系统设计。在政策保障机制方面，要完善农村土地流转政策，建立梯次性的财税政策，优化农村产业融合发展政策；在信用保障机制方面，要健全新型农业经营主体信用评价体系，完善新型农业经营主体信用担保体系，营造良好的农村信用环境；在风险保障机制方面，要引入违约风险预警机制，构建风险分担机制，完善风险补偿机制；在法律保障机制方面，要明确新型农业经营主体的法律地位，完善农村正规金融的法律法规，建立农村非正规金融的法律法规。

第十章　研究结论与展望

在前面的章节中，本书深入研究了乡村振兴战略与新型农业经营主体金融服务的关系，对贵州新型农业经营主体的发展困境与金融服务需求特征进行了总结，剖析了贵州新型农业经营主体的金融服务供给现状与问题，实证检验了贵州新型农业经营主体的金融服务成效。在此基础上，提出了新型农业经营主体培育的金融服务体系优化总体构想，设计了贵州新型农业经营主体培育的金融服务体系优化路径框架，并构建了贵州新型农业经营主体培育的金融服务体系优化保障机制。基于上述研究内容，本章将重点阐述乡村振兴背景下贵州新型农业经营主体培育的金融服务体系优化的研究结论与研究展望。

第一节　研究结论

乡村振兴背景下贵州新型农业经营主体培育的金融服务体系优化研究，是基于现实基础之上的综合性研究。大力优化新型农业经营主体金融服务体系，对于改进农村金融服务质效、培育壮大新型农业经营主体以及促进乡村产业振兴具有重要意义。本书主要研究结论如下：

（1）乡村振兴战略与新型农业经营主体金融服务之间存在明显的逻辑关系和系统耦合机制。两者的逻辑关系主要表现为：产业兴旺是实现乡村振兴战略的根本途径，培育新型农业经营主体是实现产业兴旺的主要动力，而金融服务是培育新型农业经营主体的基本保证。基于系统工程理论，乡村振兴战略与新型农业经营主体金融服务可被视为两个有机系统，其中，乡村振兴战略分为"产业兴旺""生态宜居""乡风文明""治理有效"和"生活富裕"五个子系统，新型农业经营主体金融服务涵盖"激活""低碳""文明""治理"和"配置"五个子功能。乡村振兴战略的五个子系统与新型农业经营主体金融服务的五个子功能有效衔接，形成了系统耦合的关联机制。

（2）贵州新型农业经营主体发展普遍面临困境，其对金融服务需求出现新的特征。受限于多种因素，贵州新型农业经营主体日益增长的金融服务需求与农村金融服务供给低效之间的矛盾依旧十分突出，新型农业经营主体普遍存在经营管理不规范与能力较弱、资金获取困难与成本高昂、授信额度不高与期限错配、缺乏抵（质）押物与担保渠道等困境。相比于传统农业经营主体，贵州新型农业经营主体在金融服务需求方面呈现出数量明显增加、用途不断拓宽、方式愈发灵活以及层次显著升级等新的特征。

（3）贵州新型农业经营主体的金融服务供给日益完善，但仍然存在一些问题。近年来，贵州顺应新型农业经营主体的金融服务需求，积极创新金融服务供给体系，取得了较好的成效，促使面向新型农业经营主体的金融政策体系持续健全、金融组织机制日趋完善、金融市场发展成效明显、金融创新产品形式多样以及金融技术推广应用加快。然而，与新型农业经营主体的金融服务需求相比，仍然存在金融政策调控效用发挥不足、金融组织存在功能结构缺陷、金融市场发展动力不足、金融产品的适配性有待提高、金融技术创新相对滞后等问题，必须优化新型农业经营主体的金融服务体系。

（4）金融服务供给与金融服务需求对贵州新型农业经营主体培育效果的影响存在一定差异。金融服务供给和金融服务需求对新型农业经营主体培育均具有正向影响；相比金融服务需求而言，金融服务供给是新型农业经营主体培育效果的主要影响因素，即金融服务供给对新型农业经营主体培育效果的正向影响大于金融服务需求；新型农业经营主体的金融服务需求较大，但"融资难、融资贵"等问题严重阻碍正规金融服务供给，导致金融服务供需矛盾较为突出。

（5）要充分释放金融服务体系优化对贵州新型农业经营主体培育的作用与潜力，必须明确金融服务体系优化的总体构想。首先，金融服务体系优化的基本指导思想在于，既要充分发挥市场机制的决定性作用，也要更好发挥政府机制的基础性作用，还要重视发挥协同机制的辅助性作用。其次，金融服务体系优化的目标定位应着眼于新型农业经营主体的资金需求得到有效满足，新型农业经营主体的金融服务效能显著提升，以及新型农业经营主体的金融服务风险总体可控。最后，金融服务体系优化的基本原则主要涵盖金融服务模式差异化原则、金融服务效率最大化原则以及金融服务风险最小化原则。

（6）贵州新型农业经营主体培育需要设计宏观与微观相结合的金融服务体系优化路径。在金融政策体系方面，要加强高质量的金融政策制定与政策宣传，完善金融政策实施主体机构与实施渠道，提升金融政策实施监管和风险处置能力；在金融组织体系方面，要发挥商业性金融的支农主体作用，健全政策性金融的支农保障功能，发展多种形式的新型农村金融机构；在金融市场体系方面，要有效激活农业信贷市场，大力拓展农业保险市场，建立健全农业资本市场；在金融产品体系方面，要明确农业信贷产品的主体融资作用，突出农业保险产品的风险兜底功能，引入农业担保产品的补充支持机制；在金融技术体系方面，要创新征信技术缓解"融资难"，创新定价技术缓解"融资贵"。

（7）贵州新型农业经营主体培育是一项复杂的系统性工程，不仅需要优化金融服务体系，还需要相应的保障机制来确保金融服务政策措施落地生效。在政策保障机制方面，要完善农村土地流转政策，建立梯次性的财税政策，优化农村产业融合发展政策；在信用保障机制方面，要健全新型农业经营主体信用评价体系，完善新型农业经营主体信用担保体系，营造良好的农村信用环境；在风险保障机制方面，要引入违约风险预警机制，构建风险分担机制，完善风险补偿机制；在法律保障机制方面，要明确新型农业经营主体的法律地位，完善农村正规金融的法律法规，建立农村非正规金融的法律法规。

第二节　研究展望

尽管本书较为系统地研究了乡村振兴背景下贵州新型农业经营主体的发展困境与金融服务供需现状，实证检验了贵州新型农业经营主体的金融服务成效，科学设计了贵州新型农业经营主体培育的金融服务体系优化路径与保障机制，并产生了一些新的研究成果。但由于新型农业经营主体的金融服务体系优化是一个复杂的系统性问题，加之作者时间精力有限，因此本书仍有一些不足之处，有待进一步深入研究。

第一，本书研究的样本区域涵盖贵阳、遵义、铜仁、毕节、黔东南、黔西南6个地级市（民族自治州），安顺、六盘水、黔南3个地级市（民族自治州）因沟通对接渠道、团队组建人数等多方面原因未能收集到相关数据。未来可进一步完善相关数据，采用覆盖面更广的调研数据进行经验分析，以弥补本书在样本数量和代表性方面可能存在的局限性。

第二，对于农民专业合作社、家庭农场、种养大户、农业产业化企业等不同类型的新型农业经营主体而言，其彼此之间的金融服务成效存在差异，现有研究尚未考虑这种异质性。在未来的研究中，可以从该角度出发探究不同类型新型农业经营主体金融服务成效差异，以及造成这种差异的可能原因。

第三，随着乡村振兴战略的不断推进，新型农业经营主体对金融服务的需求将会呈现出新的特征，金融服务供需矛盾也会持续演化，服务于新型农业经营主体的金融政策、金融组织、金融市场、金融产品和金融技术等均是未来研究热点，因此有必要区分不同的专题进行深入研究。

参考文献

艾睿，王鹏，2022. 新型农业经营主体信用水平的实证分析 [J]. 财经科学（12）：50-62.

蔡畅，姚晓峰，2022. 乡村振兴战略背景下农村产业兴旺的路径研究 [J]. 河北开放大学学报，27（2）：48-51.

蔡键，林晓珊，米运生，2019. 农业投资迁回化的倒"U"型路径：基于农业生产者经营规模的问卷考察 [J]. 农村经济（9）：85-92.

蔡文伯，贺薇宇，2023. 我国乡村振兴发展水平综合评价研究 [J]. 重庆大学学报（社会科学版），29（1）：102-116.

蔡雪雄，李梦琪，2023. 数字普惠金融对乡村生态宜居的影响研究 [J]. 重庆社会科学（6）：47-62.

陈江华，2016. 国有企业学习型组织构建的外部市场行为分析 [J]. 北京理工大学学报（社会科学版），18（4）：71-77.

陈楠，杨春慧，2024. 农业生产性服务业与新型农业经营主体耦合协调关系的实证研究：以吉林省为例 [J]. 中国农机化学报，45（5）：289-298.

陈淑玲，侯代男，2019. 新型农业经营主体的培育与农村地区经济转型升级问题研究 [J]. 农业经济（7）：30-32.

陈万莎，沈迁，2022. 党支部领办合作社与村庄有效治理：以烟台市W村为例 [J]. 西北农林科技大学学报（社会科学版），22（5）：10-19.

陈旭，2020. 乡村振兴背景下吉林省农机需求影响因素与趋势研究 [D]. 长春：吉林大学.

陈昱，2024. 文化和旅游赋能乡村振兴效果评估体系构建研究：基于全国127个县（乡村）文旅发展数据的实证分析 [J]. 价格理论与实践（1）：119-123，214.

邓悦，吴忠邦，邱欢，2024. 农业领域企业家精神如何促进新型农业经营主体发展：以农民合作社为例 [J]. 中国农村观察 (3)：62-79.

丁莹，2023. 文旅融合背景下乡村旅游景观地域文化的融入路径研究 [J]. 农业经济 (3)：143-144.

桂峰兰，2023. 文旅融合视域下整合乡村红色旅游资源助力乡村振兴 [J]. 农业经济 (5)：137-139.

郭少华，2022. 农业现代化进程中小农户与新型农业经营主体的合约风险及治理 [J]. 农业经济 (5)：6-8.

郭世平，毛丽霞，2023. 青年"乡村 CEO"赋能乡村振兴的创新模式、现实困境和策略选择 [J]. 中国青年研究 (2)：101-108，118.

郭树华，裴璇，2019. 新型农业经营主体融资影响因素分析 [J]. 经济问题探索 (11)：173-179.

郭卫东，程安，李国景，2021. 我国农产品期货市场的发展回顾及未来展望 [J]. 金融理论与实践 (7)：1-9.

洪炜杰，2024. 正规金融支农有助于培育新型农业经营主体吗：以涉农贷款增量奖励试点为例 [J]. 金融经济学研究，39 (4)：105-120.

胡彬彬，2020. 乡村振兴战略下农民专业合作社发展的问题与对策 [J]. 农业经济 (11)：18-19.

黄博，2020. 乡村振兴战略下农民专业合作社的发展路径研究 [J]. 经济体制改革 (5)：73-79.

黄敦平，蒋静宇，2023. 长江经济带乡村振兴时空演变特征及影响因素分析 [J]. 统计与决策，39 (5)：44-49.

黄可权，2017. 新型农业经营主体金融服务体系创新研究 [D]. 哈尔滨：东北农业大学.

霍学喜，刘天军，2023. 西部地区乡村振兴实施的理论逻辑与发展路径 [J]. 农业经济问题 (1)：29-37.

贾峤，2020. 基于培育新型农业经营主体目标的农业政策担保体系研究：以辽宁省为例 [J]. 农业经济 (9)：12-14.

孔祥智，周振，2020. 新型农业经营主体发展必须突破体制机制障碍 [J]. 河北学刊，40 (6)：110-117.

李冬艳，余晓洋，2020. 新型农业经营主体发展水平评价体系构建及测度 [J]. 经济纵横 (2)：113-120.

李海金，焦方杨，2021. 乡村人才振兴：人力资本、城乡融合与农民主体性的三维分析［J］．南京农业大学学报（社会科学版），21（6）：119-127.

李建伟，于凤芹，2011．城乡统筹发展背景下的农村金融排斥问题研究：以烟台市为例［J］．农村经济（10）：71-73.

李江一，仇童伟，秦范，2022．新型农业经营主体的非农就业带动效应研究［J］．华中农业大学学报（社会科学版）（3）：10-21.

李江一，秦范，2022．如何破解农地流转的需求困境？：以发展新型农业经营主体为例［J］．管理世界，38（2）：84-99，6.

李梦琪，柯雪龙，康宽，2024．数字普惠金融与新型农业经营主体经济韧性：赋能还是负能？［J］．中国农业大学学报，29（4）：40-53.

李耀锋，熊春文，尹忠海，2020．新型农业经营主体嵌入式培育及其带动作用：以石城为例［J］．西北农林科技大学学报（社会科学版），20（6）：143-152.

梁伟森，程昆，2021．普惠金融发展及其农村减贫效应：来自广东的实践［J］．农村经济（3）：64-74.

廖彩荣，陈美球，2017．乡村振兴战略的理论逻辑、科学内涵与实现路径［J］．农林经济管理学报，16（6）：795-802.

刘丹，张宁，王翌秋，2016．农村金融联结激励机制设计与制度安排［J］．农村经济（10）：67-73.

刘佳，赵青华，2024．乡村旅游发展对乡村振兴的影响效应：基于新内源性发展理论的实证检验［J/OL］．农业技术经济：1-19.［2024-12-01］.https://doi.org/10.13246/j.cnki.jae.20231126.001.

刘瑾，李振，田靖文，2024．数字普惠金融、农村居民消费与乡村振兴［J］．技术经济与管理研究（4）：146-152.

刘银行，黄凯莉，2022．新型农业经营主体绿色发展的金融服务路径与策略研究［J］．现代金融导刊（5）：64-68.

刘英基，邹秉坤，韩元军，2023．数字经济赋能文旅融合高质量发展：机理、渠道与经验证据［J］．旅游学刊，38（5）：28-41.

柳晓明，张紫洁，2021．金融支持新型农业经营主体高质量发展的路径选择：基于乡村振兴视角［J］．淮北师范大学学报（哲学社会科学版），42（2）：39-45.

骆钰，2019．新型农业经营主体信贷匹配度的影响因素研究：基于江西省九江市的问卷调查［J］．金融与经济（12）：89-94．

吕承超，崔悦，2021．乡村振兴发展：指标评价体系、地区差距与空间极化［J］．农业经济问题（5）：20-32．

马凌，冶建明，朱梦梦，2024．兵团乡村振兴发展水平评价及耦合协调研究［J/OL］．中国农业资源与区划：1-18．［2024-12-01］．http://kns.cnki.net/kcms/detail/11.3513.S.20240607.1028.004.html．

孟维福，李莎，刘婧涵，2023．数字普惠金融促进乡村振兴的影响机制研究［J］．经济问题（3）：102-111．

米运生，邓伟华，李盈盈，2023．土地经营权强度增进新型农业经营主体信贷可得性的路径研究：基于中国三个省份的清晰集定性比较分析［J］．华南师范大学学报（社会科学版）（1）：96-113，207．

倪敏，黄海峰，耿刘利，2022．金融支持新型农业经营主体高质量发展的必要性与路径优化［J］．吉林农业科技学院学报，31（5）：26-29．

牛佳，蔡亮慧，2017．我国新型农业经营主体的功能定位及可持续发展策略［J］．农业经济（8）：67-68．

欧春梅，邵砾群，2019．新型农业经营主体技术效率研究综述与展望［J］．北方园艺（6）：187-192．

彭群，1999．国内外农业规模经济理论研究述评［J］．中国农村观察（1）：41-45．

祁超萍，刘晓敏，吴文博，2024．黄河流域高质量发展与乡村振兴空间关联性及耦合协调评价［J］．统计与决策，40（10）：124-128．

钱克明，彭廷军，2014．我国农户粮食生产适度规模的经济学分析［J］．农业经济问题，35（3）：4-7，110．

邱雯雯，2019．乡村振兴视角下农民专业合作社发展问题研究［J］．农业经济（9）：30-31．

曲丽丽，李美娆，刘畅，2022．新型农业经营主体融资模式创新扩散机理研究［J］．学术交流（12）：149-160．

任喜萍，2023．金融科技高质量服务乡村振兴的理论逻辑、现实挑战与路径选择［J］．当代经济管理，45（7）：63-70．

尚旭东，叶云，2020．农业产业化联合体：组织创新、组织异化、主体行为扭曲与支持政策取向［J］．农村经济（3）：1-9．

申康达，2022．优化新型农业经营主体金融环境路径研究［J］．农业经济（3）：102-104.

申云，李京蓉，吴平，2019. 乡村振兴战略下新型农业经营主体融资增信机制研究 [J]. 农村经济（7）：135-144.

石虹，宋扬，2024. 乡村振兴背景下数字普惠金融赋能农民增收的路径研究 [J]. 贵州社会科学（4）：153-160.

石金群，2023. 乡村振兴背景下引导青年参与农村基层治理的路径分析 [J]. 中州学刊（11）：69-76.

石雨菲，赵永艳，2023. 积极推进乡村振兴，激发农村内生动力：评《乡村振兴方法论》[J]. 中国瓜菜，36（3）：141.

石玉堂，王晓丹，刘达，2024. 中国城市群乡村振兴水平测度、区域分解及时空收敛性 [J]. 经济地理（4）：161-170.

宋二行，2020. 新型农业经营主体助力农村地区三产融合发展研究 [J]. 延边党校学报（4）：75-79.

宋洪远，石宝峰，吴比，2020. 新型农业经营主体基本特征、融资需求和政策含义 [J]. 农村经济（10）：73-80.

孙鸽平，2022. 数字普惠金融视角下新型农业经营主体融资模式的创新路径 [J]. 农业经济（3）：99-101.

孙贺乾，2022. 合作金融支持乡村振兴：意义、梗阻和实践路径 [J]. 黑龙江粮食（7）：70-72.

孙文华，陆岷峰，2024. 促进共同富裕：搭建针对新型农业经营主体的普惠金融体系 [J]. 当代经济研究（3）：116-128.

唐弋夫，杨苗，唐德祥，2022. 新型农业经营主体融资风险的纾解机制研究 [J]. 南京社会科学（2）：30-41，101.

王敏，谷羽，李兆伟，2023. 数字普惠金融与乡村振兴：理论逻辑与实证检验 [J]. 西北大学学报（哲学社会科学版）（1）：56-71.

王文龙，2017. 中国农业经营主体培育政策反思及其调整建议 [J]. 经济学家（1）：55-61.

王修华，魏念颖，2024. 资金流对乡村产业振兴的影响 [J]. 湖南大学学报（社会科学版）（2）：49-57.

王雅静，陆建飞，2021. 新型农业经营主体企业家才能研究：基于江苏省扬州市新型农业经营主体样本分析 [J]. 江苏社会科学（3）：232-240.

王益君，娄晨雨，张於琛，2023. 农村金融助推乡村振兴的区域性研究［J］. 产业经济评论（1）：171-188.

韦姿百，2021. 新时代培育新型农业经营主体的财税政策支持研究［J］. 农业经济（5）：105-107.

文立杰，纪东东，2021. 乡村文化振兴进程中农村公共文化服务的实践转向［J］. 图书馆（4）：20-25.

吴成浩，2019. 河南省培育新型农业经营主体的金融政策研究［J］. 金融理论与实践（8）：100-105.

吴儒练，2023. 省域乡村振兴发展水平测度及空间集聚特征分析［J］. 统计与决策，39（4）：59-64.

席强敏，张颖，张可云，2023. 产业扶贫与乡村产业振兴的关系辨析与衔接路径［J］. 中共中央党校（国家行政学院）学报，27（2）：55-65.

向勇，2023. 文化产业赋能乡村振兴的理论与方法：以白马花田营造社的创新实践为例［J］. 艺术管理（中英文）（1）：83-95.

谢玲红，吕开宇，郭冬泉，2022. 新型农业经营主体融资供需现状与异质性分析：来自16004个主体的经验数据［J］. 金融理论与实践（4）：41-49.

熊磊，2023. 金融支持新型农业经营主体与小农户协同发展的路径［J］. 农业经济（1）：111-112.

徐喆，陈植，2023. 共富背景下文旅融合赋能乡村振兴的对策研究：以"中国乡村旅游第一市"湖州为例［J］. 通化师范学院学报，44（5）：78-82.

许建，王丽菲，张晶，2023. 乡村振兴背景下湘西地区乡村旅游发展研究［J］. 对外经贸（2）：89-91.

颜苏静，毛思波，侯华伟，2024. 金融支持新型农业经营主体情况调查报告：以吉林省通化市为样本［J］. 征信（1）：88-92.

杨彩林，李雯雅，易宇扬，2022. 农地经营权抵押贷款助力新型农业经营主体发展：作用机理、现实困境及路径创新［J］. 武汉金融（11）：83-88.

杨久栋，马彪，彭超，2019. 新型农业经营主体从事融合型产业的影响因素分析：基于全国农村固定观察点的调查数据［J］. 农业技术经济（9）：105-113.

杨利，李梦含，张名杰，2023. 数字经济赋能文旅融合的影响机制与门槛效应研究 [J]. 统计与决策，39（12）：29-34.

杨希双，罗建文，2023. 基于乡村振兴内生发展动力的农民主体性问题研究 [J]. 重庆大学学报（社会科学版），29（3）：261-274.

杨勇，2021. 农业产业化背景下龙头企业的引领作用及实现路径 [J]. 农业经济（8）：41-43.

杨兆廷，李俊强，付海洋，2021. "区块链+大数据"下新型农业经营主体融资模式研究 [J]. 会计之友（4）：156-161.

杨宗耀，许永钦，纪月清，2020. 农机作业服务的地块规模经济研究：以江苏省水稻收割为例 [J]. 农业现代化研究，41（5）：793-802.

应海芬，2019. 新型农业经营主体产业化发展的困境与对策研究 [J]. 农业经济（3）：62-64.

于爱水，李江涛，汪大海，2023. 习近平乡村振兴战略观的基本内涵、理论贡献与实践路径 [J]. 学术探索（5）：1-7.

余艳，2021. 贵州省农业保险支持新型农业经营主体创新研究：以黔西南州为例 [J]. 农村经济与科技，32（3）：85-87.

曾雄旺，张子涵，胡鹏，2020. 新型农业经营主体融资约束及其破解 [J]. 湖南社会科学（1）：97-102.

张陈一轩，任宗哲，2021. 精英回乡、体系重构与乡村振兴 [J]. 人文杂志（7）：113-121.

张广辉，2022. 碳达峰、碳中和赋能乡村振兴：内在机理与实现路径 [J]. 贵州社会科学（6）：145-151.

张婧红，2023. 乡村振兴战略下侗族传统村落旅游开发路径研究：以占里村为例 [J]. 南方论刊（3）：26-28.

张乐柱，王剑楠，2022. 新型农业经营主体金融素养与信贷可得性：基于 CSQCA 与 Probit 方法的实证 [J]. 东岳论丛，43（9）：49-56.

张龙耀，王梦珺，刘俊杰，2015. 农地产权制度改革对农村金融市场的影响：机制与微观证据 [J]. 中国农村经济（12）：14-30.

张露，古小刚，2016. 农村金融供给改革与新型农业经营主体培育 [J]. 吉林金融研究（11）：53-58.

张新文，高啸，2019. 农业经营主体的类型比较、效益分析与进路选择 [J]. 现代经济探讨（3）：101-107.

张延龙，王明哲，钱静斐，2021. 中国农业产业化龙头企业发展特点、问题及发展思路 [J]. 农业经济问题（8）：135-144.

张正平，董晶，2023. 金融科技赋能农村金融高质量发展的机制与路径 [J]. 农业经济问题（9）：81-95.

赵金龙，王丽萍，胡建，2021. 种粮家庭农场实现适度规模经营的土地困境分析 [J]. 农业经济（7）：6-8.

赵旭强，韩克勇，2006. 试论农业规模化经营及其国际经验和启示 [J]. 福建论坛（人文社会科学版）（8）：24-27.

赵亚雄，付晨，2023. 金融科技支持新型农业经营主体发展 [J]. 中国金融（16）：89-90.

赵雨舟，王文华，赵丽锦，2022. 区块链技术赋能的新型农业经营主体融资模式研究 [J]. 财会通讯（14）：148-152，166.

郑宏运，李谷成，周晓时，2018. 农机社会化服务有利于培育新型农业经营主体吗？：以种植大户为例 [J]. 农业现代化研究，39（2）：300-308.

周广竹，2021. 新型农业经营主体的发展困境与调适策略 [J]. 农业经济（5）：17-18.

周明星，肖平，2023. 论新发展阶段推进乡村振兴战略实践的困境及其破解：贯彻落实党的二十大精神全面推进乡村振兴相关研究 [J]. 农业考古（1）：200-208.

周天芸，刘虹，杨海洋，2018. 中国农村金融的包容性及影响因素 [J]. 财经论丛（2）：55-64.

朱佳玮，孙文章，赵梓涵，2023. 数字赋能文旅融合创新发展、促进消费升级的思考与建议 [J]. 中国发展，23（2）：46-54.

朱亚坤，2022. 缺位、补位与就位：青年参与乡村振兴相关问题探究 [J]. 青年探索（1）：40-48.

祝坤艳，蔚霖，2023. 河南省新型农业经营主体培育影响因素研究 [J]. 中国农业资源与区划，44（2）：232-240.

邹一南，2022. 新型农业经营主体金融服务创新 [J]. 中国金融（17）：78-79.

ALICIA M R, GUZMÁN A S, 2018. Determinants of financing decisions and management implications: Evidence from Spanish agricultural cooperatives

[J]. International food and agribusiness management review, 21 (6): 701-721.

ALLEN F, GALE D, 1990. Incomplete markets and the incentives to set up an option exchange [J]. The Geneva risk and insurance review (15): 17-46.

ALLEN F, GALE D, 1991. Arbitrage, short sales and financial innovation [J]. Econometrica (59): 1041-1068.

AYSE D, VANESA P C, YENER A, et al., 2020. Fintech, financial inclusion and income inequality: A quantile regression approach [J]. European journal of finance, 28 (1): 86-107.

BADULESCU D, GIURGIU A, ISTUDOR N, et al., 2015. Rural tourism development and financing in Romania: A supply-side analysis [J]. Agricultural economics (2): 72-80.

BAKHTIARI S, 2011. Microfinance and poverty reduction: Some international evidence [J]. International business & economics research journal, 5 (12): 65-71.

BARDHAN P K, 1973. Size, productivity and returns to scale: An analysis of farm-level data in Indian agriculture [J]. Journal of political economy, 81 (6): 1370-1386.

BELEK A, JEANMARIE A N, RAJ S P, 2020. Micro-finance services and the productivity of cocoa family farms in Cameroon [J]. Journal of agribusiness in developing and emerging economies, 10 (5): 557-571.

BIJMAN J, HENDRIKSE G, VAN OIJEN A, 2013. Accommodating two worlds in one organisation: Changing board models in agricultural cooperatives [J]. Managerial & decision economics, 34 (3): 204-217.

CECHIN A, BIJMAN J, PASCUCCI S, et al., 2013. Drivers of proactive member participation in agricultural cooperatives: Evidence from Brazil [J]. Annals of public and cooperative economics, 84 (4): 443-468.

CLOKE P J, 1977. An index of rurality for England and Wales [J]. Regional Studies, 11 (1): 31-46.

CORNIA G A, 1985. Farm size, land yields and the agricultural production function: An analysis for fifteen developing countries [J]. World development, 13 (4): 513-534.

DONOU-ADONSOU F, SYLWESTER K, 2016. Financial development and poverty reduction in developing countries：New evidence from banks and microfinance institutions［J］．Review of Development finance，6（1）：82-90.

FEISALI M，NIKNAMI M，2021．Towards sustainable rural employment in agricultural cooperatives：Evidence from Iran's desert area［J］．Journal of the Saudi society of agricultural sciences，20（7）：425-432.

FUSTER A，PLOSSER M，SCHNABL P，et al.，2019．The role of technology in mortgage lending［J］．The review of financial studies（5）：1854-1899.

GICHUKI C N，KAMAU C W，2022．Financing agribusiness：Potential determinants of financial inclusion for smallholder rural farming communities in Kenya［J］．International journal of rural management，18（3）：1-24.

HARRINGTON V，O'DONOGHUE D，1998．Rurality in England and Wales 1991：A replication and extension of the 1981 rurality index［J］．Sociologia Ruralis，38（2）：178-203.

HENRIKSEN I，HVIID M，SHARP P，2012．Law and peace：Contracts and the success of the Danish dairy cooperatives［J］．The journal of economic History，72（1）：197-224.

LAPAVITSAS C，SANTOS P，2008．Globalization and contemporary banking：On the impact of new technology［J］．Contributions to political economy，27（1）：31-56.

LERMAN Z，PARLIAMENT C，1993．Financing growth in agricultural cooperatives［J］．Applied economic perspectives and policy，15（3）：431-441.

MAY D E，2020．The risk of losing deserted medieval rural settlements：Opportunities for agritourism and rural development［J］．European Countryside，12（4）：636-648.

MERSHA D，AYENEW Z，2018．Financing challenges of smallholder farmers：A study on members of agricultural cooperatives in Southwest Oromia Region，Ethiopia［J］．African journal of business management，12（10）：285-293.

OOSTENDORP R，ASSELDONK M V，GATHIAKA J，et al.，2019．Inclusive agribusiness under climate change：A brief review of the role of finance［J］．Current opinion in environmental sustainability，41（1）：18-22.

附录 贵州新型农业经营主体培育的金融服务状况调查问卷

尊敬的先生/女士：

您好！我们是"贵州新型农业经营主体培育的金融服务状况"调研团队，感谢您抽出宝贵时间参与此次问卷调查。本次问卷调查旨在了解乡村振兴背景下贵州新型农业经营主体培育的金融服务供需现状，从而为优化新型农业经营主体培育的金融服务体系提供现实依据。本次问卷以匿名方式作答，请您不要有任何顾虑，据实填写问卷。由衷感谢您的支持与配合！

填写说明：请您在选中的答案选项上打"√"或者填写具体内容。

一、新型农业经营主体基本信息

1. 您所在的新型农业经营主体属于以下哪种组织类型？（   ）。（单选）

    A. 种养大户   B. 家庭农场

    C. 农民专业合作社   D. 农业产业化企业

2. 您所在的新型农业经营主体属于以下哪种行业？（   ）。（可多选）

    A. 养殖业   B. 种植业

    C. 种养结合   D. 餐饮业

    E. 生产加工   F. 商贸流通

    G. 其他_____

3. 您所在的新型农业经营主体负责人的性别是（   ）。（单选）

    A. 男   B. 女

4. 您所在的新型农业经营主体负责人的年龄是（　　　）。（单选）

    A. 30 岁以下   B. 30~40 岁

    C. 40~50 岁   D. 50~60 岁

    E. 60 岁及以上

5. 您所在的新型农业经营主体负责人的文化程度是（　　　）。（单选）

    A. 小学及以下   B. 初中

    C. 高中（含高职）   D. 大专

    E. 本科及以上

6. 您所在的新型农业经营主体负责人曾经的从业经历是（　　　）。（单选）

    A. 农村劳动   B. 外出打工

    C. 办厂经商   D. 担任村干部

    E. 其他_____

7. 您所在的新型农业经营主体负责人在生产经营过程中对经营风险的态度为（　　　）。（单选）

    A. 规避风险   B. 均衡风险

    C. 偏好风险

8. 您所在的新型农业经营主体吸纳农户_____户，是否为入社农户提供相关服务（有/无），提供哪些服务？（　　　）。（可多选，若无可不填）

    A. 提供种子/幼苗/幼崽等

    B. 提供肥料/饲料等

    C. 提供种植或养殖技术培训

    D. 提供疾病预防及治疗服务

    E. 其他_____

9. 您所在的新型农业经营主体承包了_____亩土地，主要种植面积_____亩，养殖规模_____（养殖禽畜数量），平均每亩土地的租金为_____元。

10. 您所在的新型农业经营主体 2019—2021 年的总收入分别为_____、_____、_____ 万元，获得经营利润分别为_____、_____、_____万元。

二、新型农业经营主体金融服务供需情况

1. 您所在的新型农业经营主体自成立以来共投入＿＿＿＿＿＿万元资金。其中，自有资金＿＿＿＿＿＿万元，财政投入＿＿＿＿＿＿万元，银行贷款投入＿＿＿＿＿＿万元，民间借贷投入＿＿＿＿＿＿万元，社员入股投入＿＿＿＿＿＿万元。

2. 您所在的新型农业经营主体借款需求（或资金缺口）为（　　　）。（单选）

  A. 20 万元（含）以下 B. 20 万~50 万元（含）

  C. 50 万~100 万元（含） D. 100 万~200 万元（含）

  E. 200 万元以上

3. 您所在的新型农业经营主体目前获得借款＿＿＿＿＿＿万元，借贷利率是＿＿＿＿＿＿%，借贷途径为（　　　）。

  A. 民间借贷 B. 金融机构

  C. 其他＿＿＿＿＿＿

4. 您所在的新型农业经营主体如果选择向金融机构贷款，会选择以下哪种金融机构？（　　　）。（单选）

  A. 农村信用社 B. 中国农业银行

  C. 中国农业发展银行 D. 其他＿＿＿＿＿＿

5. 您所在的新型农业经营主体如果选择民间借贷，会选择以下哪种途径？（　　　）。利率是＿＿＿＿＿＿%。

  A. 亲友借贷（亲戚/朋友等无息借款）

  B. 有息借贷

  C. 高利贷

6. 您所在的新型农业经营主体金融需求的主要类型有（　　　）。（可多选）

  A. 信贷 B. 保险

  C. 债券 D. 期货

  E. 金融租赁 F. 财务顾问

  G. 其他＿＿＿＿＿＿

7. 您所在的新型农业经营主体借款需求的用途是（　　）。（可多选）

    A. 农业生产　　　　　　　B. 农产品加工

    C. 农用物资或农产品流通　D. 消费

    E. 其他_____

8. 您所在的新型农业经营主体借款期限需求为（　　）。（单选）

    A. 1 年（含）以内　　　　B. 1~3 年（含）

    C. 3~5 年（含）　　　　　D. 5 年以上

9. 您所在的新型农业经营主体获取金融机构贷款的难易程度为（　　）。（单选）

    A. 难度较大　　　　　　　B. 难度一般

    C. 没有难度

10. 您所在的新型农业经营主体获取金融机构贷款的成本（　　）。（单选）

    A. 偏高　　　　　　　　　B. 正常

    C. 较低

11. 您所在的新型农业经营主体贷款需求是否得到了满足？（　　）。（单选）

    A. 基本满足　　　　　　　B. 有较大资金缺口

    C. 远远得不到满足

12. 您所在的新型农业经营主体向金融机构申请贷款面临的障碍有（　　）。（可多选）

    A. 缺少抵押品　　　　　　B. 无人担保

    C. 贷款利息高　　　　　　D. 贷款手续烦琐

    E. 不了解贷款形式　　　　F. 信用记录不好

    G. 其他

13. 您所在的新型农业经营主体是否购买了农业保险？（　　）。（单选）

    A. 是　　　　　　　　　　B. 否

14. 您所在的新型农业经营主体对当前政府金融支持政策的满意度评价是（　　）。（单选）

    A. 满意　　　　　　　　　B. 一般

    C. 不满意　　　　　　　　D. 非常不满意

15. 您认为当前支持新型农业经营主体发展的金融支持政策还存在哪些问题?(　　　)。(可多选)

    A. 政策宣传沟通不到位

    B. 政策兑现手续烦琐

    C. 政策推广力度不足

    D. 政策执行渠道不完善

    E. 政策实施风险监管能力不足

    F. 其他